SALLiA
仏像オタクニスト

救われたいなら会いに行け!

アラサー女子、悟りのススメ。

オークラ出版

はじめに

平成と共に生まれ、令和という新しい時代と共に30歳になった。

「30代は楽しいよ～」「30代ってあっという間だよ」という例のアレを、30歳を迎える少し前から、本当によく耳にするようになった。

30歳になって数カ月が過ぎたが、まだ「あっという間感」も、「劇的に楽しいこと」も別にない。と言いつつ、私がアラフォーになったら、これからアラサーを迎える人たちに同じことをいう日が来るのだろうか。

「アラサー」という言葉は、2000年代の半ばに、ある女性向けファッション誌が具体的な年齢を出さずに年齢を伝えるために使い始めたのが始まりと言われ、後に「25歳以上34歳以下」「27歳以上33歳以下」「28歳以上32歳以下」などと定義づけられるようになった。

アラサーという言葉でひとくくりにされるようになって、「アラサー女性」はますます「生きづらく」なったように思う。30代が楽しくてあっという間なんて、いったい誰が言い始めたんだろう。

２０１9年におけるアラサー女性は、もう生きづらくってしょうがない。アラサー女性が集まる場所では、「アラサー女性あるある」で酒が進む。

10代、そして20代前半は「若者」というグループ分けがなされ、アラフォーからは世間一般的に「中年」というふうにカテゴライズされるだろう。そんななか、アラサーだけがどちらにも属せず、宙ぶらりんな状態なのだ。まだまだ若いのか、それともそろそろ歳なのか。20代前半は許されていた服装や髪型、メイクが急に許されなくなるのではないか、と途端に不安になってくる。そんな微妙なお年頃。

そして、必然的に「結婚」の二文字を意識させられることも増える。仕事もそこそこキャリアを積んで楽しくなってくる時期でもあって、だから女は30歳を機に、「結婚」か「仕事」か、どちらに重きを置くのかを否応なしに意識「させられる」のだ。

女性の生き方が多様化して、一見自由を得たように感じるが、実際は自由とは程遠い「息苦しさ」みたいなものを現代のアラサー女性は抱えている。自由ゆえの不自由さ。

多様化、女性の自立、新たな女性の生き方と、ポジティブな表現で語られる現代の女性像に自分とのギャップを感じて、そのことが苦しみになるという負のループから抜け出せないアラサー女性も多いだろう。

私にとって一番生きづらいと思いながら過ごしていたのは27歳。まわりが結婚して出産していくなかで、私は自分の人生の選択を間違えたのではないかと思いながらも、仕事では少しずつ実績も作っていくことができていて、自分の選択を否定すべきか、肯定すべきか、それすらもわからなかった。自分のなかの迷いが増えれば増えるほど、許せないこともたくさん増えて、さらには加齢への恐怖もそれに比例した。

もともと、生きづらいなぁ、なんて思っていたのに加えて、アラサーという年代に差しかかった途端、また違うベクトルの生きづらさがプラスされたように思えて、身動きが取れずにいた。

そして、まだまだそんな「生きづらさ」の渦中にいた28歳、足の事故に遭った。それをきっかけに、私は人生というもの、そして自分の生き方というものを今一度見つめ直すことになる。

その結果誕生したのが「仏像オタクニスト SALLiA」だ。歌って作って踊る音楽のアーティストとは違う、新たな仕事であり、生き方。同時にそれは、自分を縛っていたものや、こだわっていたものとの決別でもあった。

「こうでなければならない」というものが自分のなかから消えたからこそ、生まれてきたのが「仏像オタクニスト」という仕事であり、生き方なのである。

仏像や仏教を通して、生きづらさは自分の心が生み出しているものであるということを知った。ならば、心のあり方次第で、自分自身を救っていけるんじゃないか？

仏の教えを体現する仏像を通し、そして仏教そのものを通して、私はそれの現実的な方法を模索していった。

仏像は決して物言わぬ存在だ。直接的に助けてくれることも決してない。だけれど、なぜあんなにも「救われた気持ち」や「励まされている気持ち」「寄り添われている気持ち」になるのだろう。そしてなぜ、その「姿」だけで、「生き方」や「あり方」を教えてもらっている気持ちになれるのだろう。

仏像は幾度となく秘かなブームを起こしていると言われたりもしている。だけど、私は仏教や仏像を、一過性の打ち上げ花火のようなブームにしたくない。タピオカは決して主食にはならない。仏教や仏像はいわば、「ご飯と味噌汁」ポジションだ。地味だけど、私たちの日常の中に存在し続けてくれている。

サブカル的な観点や、造形的な視点で向き合う仏像もたしかに素晴らしい。だけれど、仏像の本来の目的は、私たちという命に寄り添い、その在り方をその姿を通して伝えてくれる存在であるのだと、私は思う。

いわゆる、行くだけでご利益があるというパワースポットとは違う。私たちのなかにある「生きる力（パワー）」を気づかせてくれる。

そう。私たちに気づきと学び、そして悟りを与えてくれる新たな形の「パワースポット」。それが、仏像のいる場所なのだ。

生きづらさや閉塞感を感じている、そこのアラサー女性。現世ご利益なんて求めて、パワースポットに行くのはもうやめよう。あなたの悩みや苦しみを直接的に取り除いてくれる救世主のような存在など、この世界のどこを探してもいない。

あなたの悩みや苦しみを解決する鍵は、あなたの心の中にしか存在しない。そして、そのヒントを仏像はきっと与えてくれる。siriやGoogleでは教えてくれない「何か」が、そこにはあるかもしれない。

本書は、言葉は悪いが「仏教」や「仏像」というツールを用い、自らが自らの「救世主」になるためのヒントを発信しているものである。

もちろん、本書に関してはあくまで私の解釈や主観によって発信される仏教や仏像ということにはなるが、各々が感じる仏像や、解釈する仏教は、まさに人の数だけ存在するのだと思う。

それぞれの人の心に合わせてカスタマイズしていくことができるのも、仏教や仏像の素晴らしさの一つであると私は感じているし、本書がそのきっかけを担えたらこんなに幸せなことはない。

そして、日本だけでもあまたの仏像が存在している。たとえば同じ「帝釈天」でも、いらっしゃるお寺によってまったく違う表情や姿をしていたりする。東寺の帝釈天と三十三間堂の帝釈天がそれぞれの場で違う個性を発揮しているように。

ちなみに、なぜ同じ名前なのに、違う形で表されるのか。それは、仏師によっても時代によっても、その仏像の持つ意味や意義は違ったものになるからだ。

時代と共に生きてきた各地のお寺の仏像の姿から学べる点は非常に多い。

本書では、私の独断で「アラサー女性」の悩みにお答えできる全国各地の仏像たちを厳選し、紹介させていただこうと思う。

全国のアラサー女性よ！

悩むなら、苦しいなら、日々が退屈でつまらないなら、今すぐ仏像に会いに行け!!

仏像オタクニスト　SALLiA

CONTENTS

〝愛され女子〟にうんざり

本当のモテはここにあった
泉涌寺　楊貴妃観音像

「愛され」とか「モテ」という言葉を、やたらと目にするようになったのはいつからだろう。そして、それが「目につく」ようになったのはいつからだろう。

「愛されレディ」「モテコーデ」「愛されデート」「モテメイク」……モテ、愛され、モテ、愛され。呪文のように使われるその言葉は一種の呪いだ。

そんな「愛され」「モテ」の呪いの絶頂で、私はとある仏像と出会った。

京都にある泉涌寺《せんにゅうじ》の楊貴妃観音《ようきひかんのん》だ。ご存知の通り、クレオパトラ、小野小町と並んで「世界三大美女」の一人だと言われている（小野小町を入れるのは日本だけらしい）。

ちなみに古代中国四大美女のメンバー入りも果たしており、世界美女選手権があったら、必ず選抜入りする神メンバー。そんな楊貴妃が仏像になっているのだ。

楊貴妃観音は、楊貴妃を寵愛した唐の玄宗皇帝が彼女の死後、生前の姿を象って作らせたものだという。しかもこの楊貴妃観音、香木である白檀で作られている。これは、楊貴妃は生まれながらに良い香りがしたという伝説があり、それに基づいているとも言われる。やはりいい女といい匂いはセットらしい。間違いない。

楊貴妃観音は1225年に、名匠の呼び声高い湛海《たんかい》という仏師の手によって中国・南宋から日本に持ち込まれた。その後、700年にわたって100年に一度開帳される秘仏（特定の機会を除いては公開されない仏像）だったが、昭和30年から一般公開されるようになった。

楊貴妃観音の魅力は、なにより気品溢れる優雅な佇まい。まるで絵画から飛び出してきたような、異世界感がある。お堂に入った瞬間に、私はさっそく彼女の虜になってしまった。像高は114・8センチ。決して大きくはないサイズだが、だからこそ楊貴妃観音の上品さが表れている。ほかの菩薩よりも比較的煌びやかな宝冠も嫌味がなく、そうあることが自然であるというような、華やかさで溢れている。

そして極めつけは、お顔。鼻筋はスッと伸び、その先にはバランスの良い、これまたちょうど良いサイズの鼻が位置する。慎ましいけれど、ぽってりとした唇はなんとも言えないセクシーさを生み出している。ゆるく弧を描いた眉の下の目は伏し目がちで、その造形がまぶたに程よい影を落とし、まるでスモーキーなアイシャドウに猫目アイラインという王道モテのメイクを施したようにも見える。だが、ふっくらとした輪郭は向き合う者に、母性にも似た安心感を与える。

楊貴妃観音は決して動かないのに、ずっと眺めているうちにその表情がコロコロ変わるような感覚に陥った。造形的にも、世界観的にも、楊貴妃という「存在」が調和のとれたバランスで見事に表されている。

これは、「愛される」!! そんな説得力が、楊貴妃観音の姿にはあった。

そこで、一つの疑問が浮かんだ。そもそも、「モテ」ってなんなんだ？

私が今まで目にしていた「愛され」や「モテ」の概念が、本物の「愛され女子」の前に立った瞬間、途端に揺らぎ始めたのだ。同時に、私が「愛され」や「モテ」になぜ、複雑な気持ちを抱いていたのか、楊貴妃観音と向き合うことで自然と見えてくるような気がした。

私たちの「愛され」や「モテ」はいわば「自分のため」であって、「自分が女として生まれたこと」を「肯定」してほしいと「求める」ことが前提だった、ということが。

彼女がこうして、仏像にまでなった理由はなんだろうか？

それまでの楊貴妃に対する私のイメージは、まさに「傾国の美女」。愛されすぎて国が滅びてしまったというエピソードの印象が強過ぎて、楊貴妃自体がどんな人だったのかはまったくと言っていいほど知らなかった。でも、この楊貴妃観音は、傾国の美女というイメージとはほど遠い感じがした。

楊貴妃はどんな人生を歩んだのか。それを知ることで、彼女がなぜ「楊貴妃観音」になったのか。その答えも自ずと見えてくるだろう。

楊貴妃は「美女」の代名詞として語られることが多いが、実は音楽や踊りなどの才能に長けた「才女」であり、賢さと、人の気持ちをくめるやさしさを持った人でもあったという。とはいえ、おとなしく言うことを聞くだけというわけでもなかったようで、玄宗皇帝とは時に喧嘩もしたらしい。でも喧嘩をしても、楊貴妃はどこまでも玄宗皇帝のお供をし、片時もそばを離れることはなかった。

喧嘩をしても、寄り添っていられる。楊貴妃が人の心の機微をちゃんと読み取り、それに寄り添うことができる女性であったことが見えてくる。玄宗皇帝は宮中の人間に「楊貴妃を得たということは至宝を得たようなものだ」と言っていたというが、これは玄宗皇帝の愛に楊貴妃がしっかりと応え続けたことの証であるとも言えるだろう。

しかし、その最期はあまりに悲しいものだった。反乱を起こした家臣から、このままでは自身の身も危ういと言われた玄宗皇帝は、自ら楊貴妃の処刑を命じる。その命令を、楊貴妃は静かに受け入れ、絹織物で首を吊った。

彼女はいったい、どんな気持ちで首を吊ったのだろう。

楊貴妃は、誰よりも「愛されていた」。でも、誰よりも愛する人を「愛していた」。愛される、というのは誰かに強く求められ、生きる希望にもなるということ。彼女もきっと愛は求めただろう。でも、私たちの「求め方」とは、もしかしたら質が違ったのかもしれない。

楊貴妃観音は、「観音菩薩」だ。観音菩薩は、人々の声を聞いてすぐに助けに来てくれる仏である。その慈しみに、見返りは当然ない。

楊貴妃の玄宗皇帝の愛に応える生き方には、もしかしたら「仏」のような慈悲深さがあったのかもしれない。彼女の最期に見返りなどありはしない。だからこそ、玄宗皇帝は楊貴妃を、観音菩薩の姿にしたのだろう。

そして、楊貴妃観音は宝相華《ほうそうげ》という、現実には存在しない極楽の花を右手に持っている。なぜそれを持っているのか。きっと玄宗皇帝にとって、楊貴妃という存在は極楽のような存在だったのかもしれない。

玄宗皇帝は楊貴妃の死後、彼女が描かれた絵画を毎日眺めて暮らしていたという。楊貴妃観音は、「愛させてくれてありがとう」という玄宗皇帝の最後のラブレターだったのだろうと、私はそう思いたい。

愛を求めることよりも、愛に応えることのほうがはるかにむずかしい。だからこそ、楊貴妃観音は「慈悲深く」そして「美しい」、奇跡のハイブリット仏なのだ。

泉涌寺 》

楊貴妃観音像《ようきひかんのんぞう》

豆知識

重要文化財である楊貴妃観音像。ご利益はまさに「美」と「縁結び」！　世界三大美女観音に後押ししてもらえる「美人祈願御守り」は、世界一心強い。美容業界、芸能界の人たちも通うという、まさに美を学ぶパワースポット。

泉涌寺

- 住所 —— 京都市東山区泉涌寺山内町27
- 電話 —— 075-561-1551
- H.P. —— mitera.org

ブスで何が悪い！

これぞ本当の「開き直り」力

萬福寺　羅睺羅尊者像

「盛る」とか「加工」という言葉を日常的に使うようになったのは、いつからだろう。

スマホのカメラアプリの発達によって「盛る」「加工する」という文化は、著しく発達した。結婚式のメニューのラインナップには、プロに撮ってもらえる上に写真の加工というメニューまであるらしい（しかもわりと高め）。

でも「盛る」や「加工」は、本当に私たちを救ってくれるのか。メイクをして、着飾って、盛って、加工している私たちは、どこまで本当の私たちなのだろう。いったい、どこからどこまでが「ちょい足し」で、どこからどこまでが「偽り」になるのか。

とはいえ、ブスだったら「ブス」って言われるし、メイクしたら「どうせすっぴんブス」とか言われるし、加工したら「詐欺」って言われるし、整形したら「ズルするな」って言われるし。

天然モノの美人なんて、そうそういない。多くは、どこかで手を加えた養殖モノだ。でも、養殖の鰻だってめちゃくちゃ美味しい。だから、「養殖」自体は悪いことではないはずだ。

それでもやはりネットが普及し、ＳＮＳが浸透し、私たちは今まで以上に見知らぬ人に誹謗中傷される機会が圧倒的に増えてしまった。もちろん、ネットに限らず、リアルな現実で築いた人間関係の中でも、たくさん傷つくこともあるだろう。

実際にそんな出来事が起こり、それに対するリアクションをしている瞬間を切り取った仏像がいる。京都にある萬福寺《まんぷくじ》の羅睺羅尊者像《らごらそんじゃぞう》だ。

羅睺羅、又の名をラーフラ。

彼はなんと、あのブッダ、お釈迦さまの息子である。

開いた胸の中から顔が出ている一見ホラーなお姿だが、羅睺羅尊者の顔は神妙な面持ちで、これが彼にとって非常に重要な決意の場面であることがうかがえる。そして胸から出ている顔こそが、父であるお釈迦さまの顔だ。

ラーフラは、たくさん修行をしたとても真面目な人で「密行第一」というキャッチコピーがついたほど。しかし彼は、確かにお釈迦さまの一人息子だったにも関わらず、顔が父に似ておらず、ブサイクと評される容姿をしていたため、「本当にお釈迦さまの息子なのか？」と疑われたり、心ない言葉をたくさん言われたという。

そんな心ない言葉に対し、ラーフラは「顔はブサイクでも、私の心は確かに仏だ！」と言って、胸を開けて見せる。

自分の胸を開けて、開き直る。

これぞ本当の「開き直り力」。

横一文字に閉じられた口は、固い意志の表れ。私たちに向けられるそのまっすぐな眼差しは、怒りに耐えるでもなく、悲しみに打ちひしがれるでもない。誰を責めるでもなく、ただ自分がどうあるべきか。それが瞳の強さに表れている気がした。胸を開いている像というのは、ほかにあまり例を見ない。

初めて見たとき、衣の彩色が中国っぽいなと思ったが、それもそのはず。萬福寺は黄檗宗《おうばくしゅう》という中国禅のお寺である。

萬福寺は、インゲン豆を日本に持ち込んだことからその語源となった「隠元禅師《いんげんぜんし》」が創建した。もともとは日本の仏師に頼んで仏像をつくってもらうはずだったが、自分の表現したいものにそぐわなかったため、范道生《はんどうせい》という中国の若い仏師に制作を頼んだという。それもあって、オリエンタルな雰囲気を持つ羅睺羅尊者像が誕生した。

私は、そんな羅睺羅尊者像の姿に痺れるほど憧れてしまった。この開き直りにたどり着けるまでの道のりを知りたい。素直にそう思った。

ラーフラという名前の意味は「束縛、障碍《しょうがい》」。

出家を考えていたお釈迦さまにとって、一人息子の誕生はまさに「束縛」や「障碍」だったのだろう。ラーフラ誕生時に思わず、「（出家するときの）障碍……」と呟いてしまい、うっかりそれが名前になってしまったらしい。

そんなラーフラが父と再会するのは9歳の時。それまで彼はなんの不自由もなく、王族として暮らしていたが、父であるお釈迦さまとの再会を前に、ラーフラは城の臣下に入れ知恵をされてしまう。それは久々に帰ってきた父に「城や財宝を譲る約束をさせる」というものだった。

その旨を伝えたラーフラに、お釈迦さまは言った。

「永遠に減ることのない財産をあげよう」

それが、ラーフラ出家の日となった。

だが、ラーフラには「自分は釈迦の息子」という甘えや自負があった。修行よりも人々に嘘をついたりイタズラをすることが増え、彼はいつの間にか「嘘つきラーフラ」と言われるようになってしまった。

そんなある日、お釈迦さまは、ラーフラにタライに張った水で足を洗わせて、言った。

「その水が飲めるか？」

当然、ラーフラの答えは「NO」。

そんなラーフラにお釈迦さまは続けて、「そうだろう。初めはきれいな水だったのに、足を洗ったから汚れてしまった。ラーフラ、お前も同じことだ。せっかく出家し、清らかな水と同じような道を歩んでいたのに、嘘をついて人を困らせて自らその水を濁らせている」と言った。

　さらにお釈迦さまは「そのタライでご飯が食べられるか？」と聞いた。

　またもやラーフラの答えは「NO」。

「そうだろう。お前の心もこの目の前のタライと同じだ。自ら濁った水でタライをいっぱいにしてしまったために、本当に大切な教えを入れるスペースがなくなってしまった」

　そしてそう言った瞬間、お釈迦さまはタライを蹴飛ばしてしまう。戸惑うラーフラに「タライが壊れるか心配したか？」と投げかけた。するとラーフラは「安いタライなので、壊れても困りません」と答えた。

　それに対しお釈迦さまは、「物の価値は、値段では決まらない。どんなに安いタライでも、お前の手よりも多くの水を運べる。本当の物の価値は使い方によって決まるのだ。嘘をついたり、自分という命の正しい使い方をしなくなった存在は、このタライのように蹴られて転がり、人に疎まれ、やがて朽ちてゆくだろう」と厳しい表情で言ったという。

　転がるタライを見て、ラーフラは気づいた。自分がどれだけ愚かで、恥ずかしいことをしていたのかを。

　そうしてそれ以来、ラーフラは心を入れ替え、「密業第一」と言われるほど、修行を熱心に行うようになった。

羅睺羅尊者像の、熱くまっすぐな眼差しには、揺るぎない「プライド」があったのだ。ラーフラがなぜ、ブスと言われても、疑われても、「開き直れた」のか。そしてなぜ、胸から出ているのがお釈迦さまの顔でなければならないのか。

ラーフラの悟りのきっかけや過程には、いつも父であるお釈迦さまがいた。それこそがお釈迦さまとラーフラの二人の、二人にしかわからない歩みだといえる。

自分がどんな生き方をしてきたのか。

恥も誇りも含めて、本当に知っているのは自分だけ。だったら、自分のことを本当の意味で批判できるのも自分だけ。

私もずっと自分の顔が嫌いだった。ブスだブスだ、と自分の顔に言っていた。仕事柄、見知らぬ誰かにブスだと言われたときには、「言われなくても、誰よりも自分のことブスって思ってるよ！」とワンワン泣きながら鏡を投げつけた。でも、かわいいと言われることもあった。そしてそのたびに複雑な、なんとも言えない気持ちにもなっていた。

顔はただの顔であって、美醜は本来生きる上では必要のないこと。人の価値観によって左右されるものに、真理はないと言い切れるだろう。ブスもかわいいも、それぞれの価値観で表現しているだけにすぎない。

そして自分のことを、ブスだと思う気持ちがあるから「ブス」や「かわいい」という言葉に反応し、心を悪い方に動かしてしまうのだ。

顔を見ただけでは、その人の人間性はわからない。でも、話をしたら目を瞑っていたとしても、その人の人間性はわかるだろう。

もちろん見た目も大切だ。人が不快にならない程度に「盛る」とか「加工」も悪いことではない。でもその前提に「自分を好きであるか？」がなければ、盛ったり、加工したりすることが苦しくなる日が、いつかきっと来る。

求める心は、徐々に肥大して執着に変わる。執着には果てがないから苦しいのだ。けれども、価値をどこに置くかで、心の中に生まれるものは変わる。

今まで嫌いだったこの顔も、今では嫌いじゃなくなった。だって、この顔で生まれてきたのだ。どうせこの顔で生きていくしかない。

それに私は、今まで自分をブスだと思う分厚いゴーグルをつけて、自分の顔を見ていただけにすぎなかった。ラーフラが、どうせ安いタライだとバカにしているうちは、正しい物の価値がわからなかったように。

心ない言葉を言われるとつい、そんなふうに言われている自分が悪いのではないか、言われる自分に問題があるのではないのか、そう思ってしまう。

でも、それは違うとあえて言い切ろう。言われるほうに問題があるのではなく、言うほうに問題がある。だから、揺らぐ必要はない。心がない言葉に、心を動かす必要はないのだから。

ラーフラは、この開き直った瞬間に、最後の悟りを得たのかもしれない。そしてその悟りこそが、お釈迦さまの言っていた「永遠に減ることのない財産」なのだろう。

そう思った瞬間、横一文字だった羅睺羅尊者の口が、ニヤリと笑った気がした。

らごらそんじゃぞう

萬福寺》

羅睺羅尊者像

豆知識

羅睺羅尊者は十大弟子（お釈迦さまの弟子の中で主要な十人の弟子）で唯一、「十六羅漢（最高の悟りを得、心を持つすべての者を救うために選ばれた十六人の聖者）」の一員に選ばれた。彼が批判に打ち勝った瞬間でもある。

萬福寺

- 住所 —— 京都府宇治市五ヶ庄三番割34
- 電話 —— 0774-32-3900
- H.P. —— obakusan.or.jp

仏像プチコラム

#1

仏像の始まりと歴史

「仏像」というものが初めてつくられたのは、お釈迦さまの死からおよそ300年経った後と言われている。

もともと、お釈迦さまは「他」に依存する形での救いを求めることは基本的には良しとしていなかった。自分を救えるのはあくまで「自分」であるというのが、お釈迦さまの仏教の基本的な姿勢だと言われている。実際に、自分の死が近いことを感じたお釈迦さまは弟子たちにこう言ったという。「自分自身と、法（お釈迦さまの教え）を拠り所にして、生きなさい」と。決して、私（お釈迦さま）を拠り所にしてはいけない。自らと法を灯びとして歩みなさい、という思いを残したのだ。

だがお釈迦さまが亡くなった後、圧倒的なカリスマがいない状態で残された人々が「目指すべき象徴」や「心の拠り所」を求めた。

まず、お釈迦さまの遺骨を納めた「仏塔（ストゥーパ）」が崇拝の対象となった。その後、仏教が車輪の輪が転がっていくようにたくさんの人に届くという教えの象徴である「法輪《ほうりん》」や、お釈迦さまの足の裏をモチーフにした「仏足《ぶっそく》石《せき》」、そしてお釈迦さまがその下で悟りを開いた「菩提樹《ぼだいじゅ》」が崇拝の対象となったという。

現在の仏教を大きく分けると、「大乗仏教《だいじょうぶっきょう》」と「上座部仏教《じょうざぶっきょう》」という二つに分けられる。

今の日本の仏教のベースになっているのは「大乗仏教」で、これは読んで字のごとく、みんなが一つの大きな乗り物になっていると考える。だから大乗仏教のゴールは「みんなで悟りを目指すこと」といえる。

「上座部仏教」は戒律を重んじ、「一人一人が確実に悟りに向かうこと」をゴールとする。

お釈迦さまの死後、大乗仏教が起こったときに「この世界にお釈迦さまという悟った存在が誕生したのであれば、ほかの仏もいたのではないか?」という発想も生まれ、同時期にガンダーラで初めて「仏像」が誕生した。

日本にも如来や、菩薩、明王、天などいろいろな種類の仏像がいるのは、「大乗仏教」がベースになっているからなのである。一方で、上座部仏教は、とにかくお釈迦さまファーストなので、仏像も「釈迦如来」のみとなっている。

仏像は、誕生からたった４００年で、日本に伝わってきた。これは歴史の大きな流れから見ても、かなりのハイペースなのだそうだ。ちなみに、日本でつくられた最古の仏像は、奈良県にある「飛鳥大仏」と言われている。

「ほかに救いを求めても苦しみが生まれる」「依存することは執着になるので苦しい」という大前提はもちろんあるのだが、お釈迦さまの言葉の意味を考えてみると、自分で自分を幸せにしていく方法の一つとして、ときに「仏像」の姿も有効で、仏教という教えを体現し、仏像に触れることで、仏教の輪郭にも同時に触れることができる。仏像は、いわゆる「道先案内的」な役割を担っていると言えるだろう。

グッバイ、草食系。

男女の多様化を悟る
瀧山寺　帝釈天立像

今をときめくイケメン俳優が、テレビで「僕は臆病なので、女性からガツガツ来てもらわないと、自分からいけないんです」と言っていた。そして私は、持っていた箸を落としながら思った。「お前もか、ブルータス」と。

「草食系男子」という言葉が市民権を得てから、いったいどれくらい経つだろう。平成元年生まれの私が高校生のときにはもう、「草食系男子」は定着していたように思う。

一般的に草食系男子は、物欲、出世欲、モテ欲などの「欲」がとにかくないと言われている。そして内面的な自信が育たないまま大人になり、せめて外見だけでも、と見た目にはやたらこだわり、お金をかけるという統計が出ているらしい。まさにバブル崩壊後の、「頑張ったら頑張った分だけ報われる、わけではない」時代が生み出した存在であろう。

女性の生き方同様、男性の生き方も多様化した結果、当たり前のように大多数だった「男性はガツガツすべき」という価値観に揺らぎが生じた。女性の言い分としては、「世の中に草食系男子が増えたから、自ずと肉食系女子にならないと生き残れないんだ！」だと思うし、男性の言い分としては「女子の圧がすごいから、尻込みしちゃうんだよ！　怖いんだよ！」なのだと思う。

女子会では、最近会った草食系男子のことを口々に嘆くコーナーがある。「押しが弱い」とか「一回断られたぐらいで諦める」とか、「おうちデートで映画を観ようとしたら、彼がプレーヤー操作できなくて萎えた」とか。
ビールを片手に「わかる、わかる」と相槌を打ちながら、私はふと思ってしまった。
「私たちって、そんなにガツガツ来られるのが当たり前なほど、いい女なのか？」と。
草食系男子を酒のつまみにしているこの状況に、どこかモヤっとしている私がいた。

そんな私のモヤモヤに、ヒントを与えてくれた仏像がいる。愛知県にある瀧山寺《たきさんじ》の帝釈《たいしゃく》天立像《てんりゅうぞう》だ。

瀧山寺には、あの仏師界の大スター「運慶」が掘った仏像が三体もいる。中央に位置するのは、聖観音菩薩《しょうかんのんぼさつ》、そして脇を固めるのが梵天《ぼんてん》、帝釈天である。この三体の並びはめずらしく、しかもあの源頼朝の三回忌に当たる年に、追善供養としてつくられたレア仏像なのだ。帝釈天といえば、東寺の帝釈天がイケメン仏像としてトップ街道をひた走っているが、個人的には瀧山寺の帝釈天が推しだ。

もともとは、古代インドの神様だった帝釈天。インドの古代叙事詩や、ヒンドゥー教の聖典に登場するなど幅広くその存在を知られていた。そんな帝釈天が仏教にヘッドハンティングされ、お釈迦さまと仏教の守護神になったという。「神々の帝王」「天界の主」「悪魔を調伏する者」など数々の異名を持った実力者だ。

強さを表す伝説や、男気が溢れすぎている逸話もたくさんあるが、やはり帝釈天といえば、このエピソードが一番有名だろう。阿修羅《あしゅら》の娘、シャチーを力ずくで奪って妻にしてしまったという話だ。

阿修羅は娘であるシャチーを帝釈天に嫁がせようと思っていたが、待ちきれなかった帝釈天がシャチーを手籠めにしてしまった。そしてその結果、シャチーは見事に帝釈天に惚れてしまい、晴れて夫婦になって、その後も仲良く暮らしたという。

「手篭めは正直引くけど、ガツガツグイグイ来てくれる情熱的な帝釈天さま素敵〜！」なんて思っていたのだが、瀧山寺の帝釈天に出会ってから、その印象はかなり変わった。今までは、帝釈天にどちらかというと「オラオラ系」なイメージを持っていたが、瀧山寺の帝釈天は「気品漂う紳士」という印象を受ける。

像高は174・4センチ。現代の男性の平均身長よりも少し高めだ。右手にはヴァジュラ（金剛杵）という煩悩を滅する武器を持ち、右足をやや踏み出す姿で、荷葉座《かしょうざ》という台座の上に立っている。ほどよい中肉中背の体格に、色彩豊かな中国的な甲冑《かっちゅう》がよく似合っている。まさに「映え」だ。

一面三眼のその姿は、私たちに限りなく近い見た目だが、どこか異形感も醸し出している。切れ長で半眼のまぶたからキラリと覗く赤い瞳が、男性的な色気があり、その瞳に捕らえられたら私もシャチーのように惚れてしまいそうだ。

鎌倉時代の作だが、江戸時代から明治時代に施された繊細な彩色がこの帝釈天の魅力の肝ともいえる。

そう。瀧山寺の帝釈天は、緊張感と安定感という、一見相反する印象がバランスよく混ざっているのだ。仏教にヘッドハンティングされてからは、丸くなったとも言われている帝釈天の歴史が、まさに垣間見える作風と言えるだろう。

そんな瀧山寺の帝釈天を見て、とある疑問が浮かんだ。

「帝釈天は、誰にでもガツガツしたのか？」


私がまだ20代前半の頃だったと思う。マンションを借りるとき、担当になってくれた男性に、母が話の流れで「ご結婚は？」と聞くと、男性は「最近結婚しまして。実は何度もアプローチして何回も何回も断られたんですけど、粘り勝ちで、やっと結婚してもらえたんですよね」と答えた。そのときの彼のうれしそうな顔を、私はずっと忘れられないでいる。

そして、そのときに思った。そんなに何度も何度もアプローチしたくなるほど、奥さんは素敵な人なんだろうな、と。

たしかに時代は変わった。自立した女性が増えたからこそ、男性に求めるものも増えた。

だけど、女性である私たちの生き方や恋愛観が多様化しているように、男性の生き方や恋愛観も多様化しているということを、忘れてはいけない。

みんなそれぞれの事情もあるし、抱えているものもある。だからこそ、それを察することで始まる「この人、素敵だな」があるのだろう。「一回断られたぐらいで、諦める」とがっかりするぐらいなら、断らなければいいし、「彼がプレーヤー操作できなくて萎えた」というなら、一緒に説明書を見ながら操作して、共同作業のよろこびを分かち合えばいいのだ。

女性が願った男女平等が、恋愛の場においても実現されてしまった結果、生まれたのが「草食系男子」「肉食系女子」なのかもしれない。

瀧山寺の帝釈天は本当に不思議な雰囲気を持つ仏像だ。

草食系でも肉食系でもない、大切なときにガツンと決められる本当のいい男ってこういうことを言うんだ、としみじみ思う。そして、そんないい男を自分の足で見つけて、いざというときにはシャチーのように選んでもらう。

選ぶし、選ばれる。いいとこ取りできる時代に、実は生きているのかもしれない。

たいしゃくてんりゅうぞう

瀧山寺 》

帝釈天立像

豆知識

頼朝の追善供養のためにつくられた三尊の仏像。中尊に位置する聖観音は、像高１７４・４センチで頼朝の等身大と言われている。さらには、なんと胎内に頼朝の遺髪と歯が入っているらしい。

瀧山寺

住所 —— 愛知県岡崎市滝町字山籠 107
電話 —— 0564-46-2296
H.P. —— takisanji.net

成功って、なんだ？

その定義について考えてみた

比叡山延暦寺　維摩居士坐像

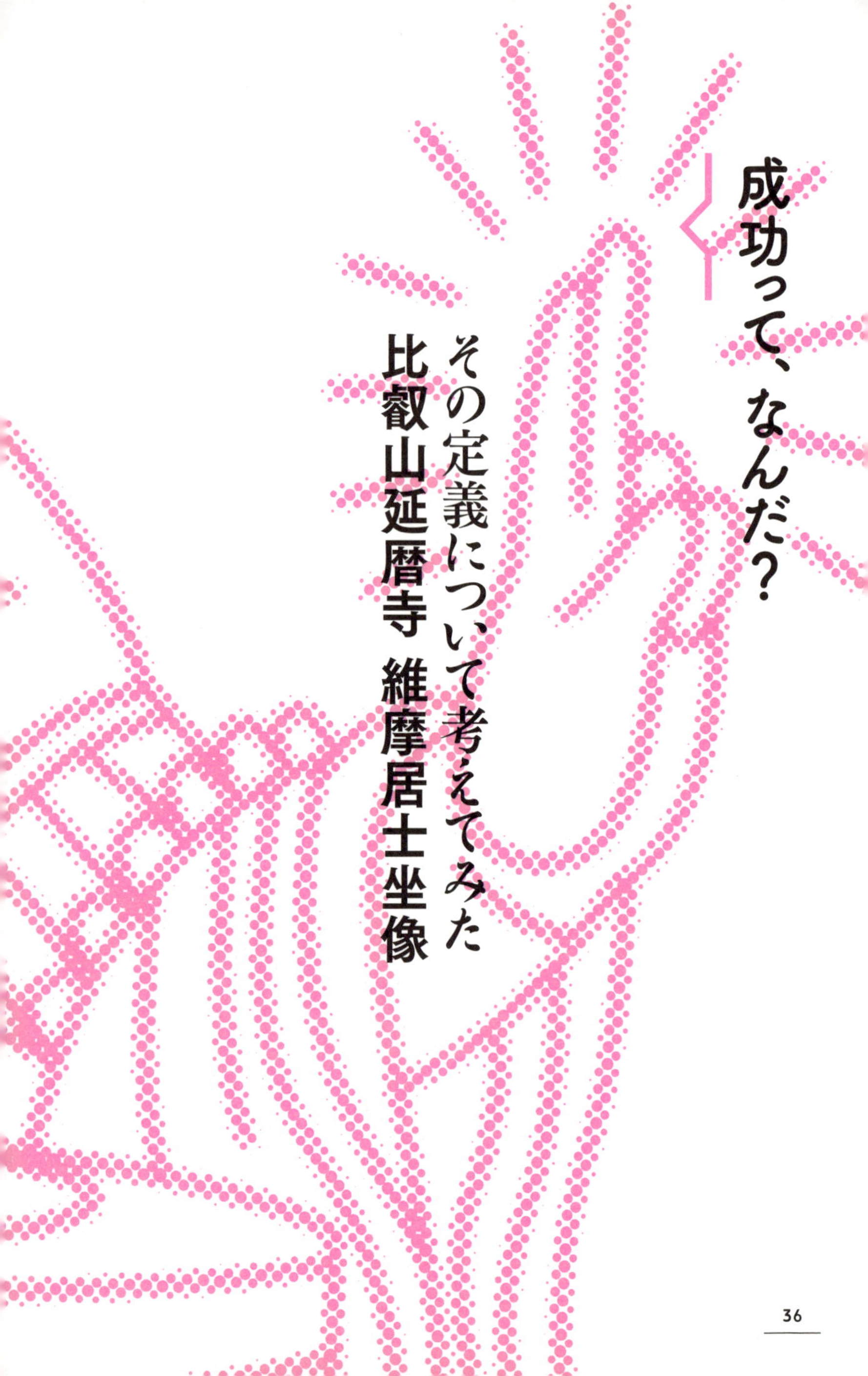

アラサー。「まだまだこれから」とも言われるし、「結構いってるね」とも言われる微妙なお年頃。「まだ若いし！　大丈夫」と後回しにしていたツケが、一気にまわってくるお年頃。現実もそろそろわかってきた。でも、まだ夢も見たい。そんなお年頃。

特に、女性にとってのアラサーは鬼門だ。

30歳を目前にバタバタと結婚していく人もかなり多い。でも、同時に働き盛りの年齢でもある。キャリアを多少なりとも諦め、結婚・出産した女性も、結婚を後回しにしてバリバリ働く女性も、みんな同じように焦りや不安、孤独を感じている。

マジョリティがなくなることで、みんなで掲げられる「これが女の成功です！」というものもなくなった。当然メリットも、デメリットもある。

結婚して出産した友だちに「成功してるじゃん！　すごいじゃん！」と言ってもらうたびに、私の人生は本当にこれで良かったのか、失敗じゃないのかと、自分の足元がグラつくような感覚になる。

だって心の中で「あなたのほうが、よっぽど女性として成功してるじゃない」なんて思ってしまうからだ。そしてそんな自分に、心底嫌気がさす。

アラサー女の「成功」は多様化した。

ならば、私にとっての「成功」ってなんなのだろう。

自分の中の嫌なものを見てしまったとき、私には行きたくなる山と会いたくなる仏像がいる。天台宗の総本山、比叡山《ひえいざん》。そして、延暦寺《えんりゃくじ》の国宝殿にいらっしゃる維摩居士坐像《ゆいまこじざぞう》だ。比叡山延暦寺といえば、誰もが必ず歴史の教科書で目にしたことがあるだろう。比叡山は、滋賀県大津市西部と京都市の北東部にまたがる。京都から見て鬼門にあたる北東に位置することもあり、古くから「鬼門から出る悪しきものを阻む山」としての役割を担ってきた。

比叡山を訪れると、いつも自然の中に生きている実感を得られる。普段はコンクリートジャングルの中でありとあらゆる情報に追い立てられている私にとっては、とても新鮮な光景と体感だ。

自然の中の自分を実感すればするほど、己の小ささを感じる。でも、それは決して嫌な感覚ではない。私はこの世界の「要素の一部」であるんだ、そしてこの世界に生かされているんだ、という実感をもたらしてくれる、癒しと厳しさを兼ね備えた山だ。

「国宝殿」という名称は、天台宗の開祖である最澄が『山家学生式《さんげがくしょうしき》』の中で書いた「一隅を照す、此れ則ち国宝なりと。」という一文から名づけられた。

最澄は国の宝について「宝とは、道を修めようとする心であり、それは社会にとってなくてはならない国の宝だ。そして社会の一隅にいながら、社会を照らす生活をする。その人こそがなくてはならない国宝の人である」と述べたという。物質的なものが宝なのではなく、目指すべき心こそが「宝」なのだと解釈できる強い言葉だ。

そして、そんな意志を表す国宝殿にいらっしゃるのが、維摩居士坐像だ。


「維摩居士」は人の名前で、彼は出家もせず、悟りに到達したと言われている人物である。家を捨て、世俗を離れて修行することで初めて得られるというイメージのある悟りだが、この維摩居士は大商人で富豪。バリバリ世俗にまみれながら、悟りに到達しちゃったというすごい人なのだ。とにかく頭がキレキレで、お釈迦さまの弟子たちを論破したという話や、三人寄れば文殊の知恵の元になっている文殊菩薩と対等に問答したという逸話なども残っている。

出家をしない在家と呼ばれるスタイルで、悟りに到達した維摩居士は私の憧れだ。だが、維摩居士が仏像として表されているのは数えるほどしかない。仏像だけでなく絵にも描かれているが、大抵は眼光の鋭い尖った印象だ。いわゆる「頑固なおじいさん」的な見た目になっているのだ。

しかし延暦寺の維摩居士は、柔和さが前面に出ている印象を受ける。像の大きさは、写真で見るイメージよりもだいぶ小さな印象を受けた。でも、その柔和さは決してサイズから感じるものではない。

少し下がった眉と下に向けられた目線、さらに口角が少し上がったぽってりした唇。なんともいえない神妙な表情だ。頭にかぶっている頭巾はまるで雲がたなびいているかのようで、シルクでできているのではないかと思うほど美しい。

その一身から、非常に上品な印象を醸し出している維摩居士坐像は、大商人で富豪という人間感もあるし、悟りに到達した仏感もある、世界に一つだけの仏像（存在）なのだ。

そして維摩居士坐像の左手は、人差し指と中指を二本立てた、ピースサインのような形をしている。

この手の形こそが、ヒントだ。これは、お見舞いに来てくれた文殊菩薩やお釈迦さまの弟子たちに向かって「あること」を説いている瞬間を切り取ったものだ。

維摩居士が主人公の経典『維摩経《ゆいまぎょう》』というものがある。在家の立場でありながらも、仏道に生きる維摩居士が、お釈迦さまの弟子である十大弟子にすらも教えを説く、読み物としても非常に面白く興味深い経典だと私は理解している。

そのクライマックスシーンに出てくるのが「不二法門《ふにほうもん》」。これは「この世界に相対するものなど、本当はないのだよ」という考え方であるとされる。

「生と死」、「きれいと汚い」、「善と悪」、「幸と不幸」、「健康と病気」、「好きと嫌い」などの一見、相反する、相対する物事は本来「一つのもの」という考え方だ。

たとえば、恋人の髪の毛を愛おしく撫でるとしよう。でも、その毛が一本抜けて床に落ちたら、愛しい恋人の一部は、ゴミと認識される。恋人の体についているときは愛しく思えるが、抜けたらもう恋人の一部ではないので、床に落ちてるゴミとなる。

生と死も、一見両極のものに思えるが、実際は命から派生した、一つの延長線上にあるものだ。生があるから死もある。死があるから生もある。

どれも最初から二つに分かれているのではなく、自分の認識で二つに「分けている」ということになるだろう。

だから維摩居士の指は、二本立っている。


私は思った。

ならば「成功」ってなんだ？　「失敗」ってなんだ？

この世界に、明確な成功法則などない。それは個人の認識によって「成功」や「失敗」の定義が変わるからだ。どんな大富豪でも、本人が成功してないと思えば、それはもう「成功」じゃない。コップの中に半分入った水を見て、「まだ半分もある」と思うか、「もう半分しかない」と思うのかと同じようなものだ。

ずっと私は、「成功している」と思うことは慢心だと思っていた。そして女としての劣等感もあった。だから素直に「成功している」なんて思えるわけがない。

でも「成功」も「失敗」も、私の認識次第で決まるものなら、その定義づけももっと自由でいい。


結婚して出産した友だち。私が現時点では得られない、女としての成功を得ていると思っていた友だち。あるとき彼女が、私の目をまっすぐ見て、言った。「ちゃんと成功してるよ」と。

そして、続けて少し恥ずかしそうに「本当はSALLiAみたいに夢を見つけて、追いかけて、叶えていくっていうの憧れるけどね」と。

結局、「無い物ねだり」が、成功しているはずの物事を「失敗」だと認識させているのかもしれない。人それぞれ、願うことも叶えたい夢も違うのに。

人の数だけ、成功の数もある。自分の成功を認められないということは、自分の歩みを否定し、今与えられているものに感謝できていないということにもなる。それは私に力を貸してくれた人や仲間に対して失礼なことだ。

このステージはよくやった！　クリアした！　と自分の中で認めないと、次のステージへは行けない。そしてコンテニューを続ける限り、失敗にはならない。

私の場合、女の幸せはとりあえず保留だけど、まだそれを失敗と思うのは早い。

人生は思ったよりもずっと、短いかもしれないし長いかもしれない。その瞬間（点）だけで人生のすべてが決まるわけではない。

点の連続は線になる。失敗だと思う点の連続が、成功という線を生み出す。

成功と失敗は、決して対極にあるのではない。自分の立っている今を、どう認識するかで決まるのだ。自分の成功している部分を認めることで、進める先があるならば、大丈夫。

私はちゃんと、成功してる。

そうだよね、維摩居士さん。私は心の中でそう問いかける。

維摩居士の二本立てた指が、本当のピースサインに見えた気がした。

比叡山延暦寺》維摩居士坐像《ゆいまこじざぞう》

豆知識

一般的に使われている「出世」という言葉は、もともとは仏教用語。お釈迦さまをはじめとする諸仏が、生きとしいけるすべての命を救うためにこの世に現れたことをいった。さらに昔の天台宗の比叡山では、公卿の子息が出家し、僧侶になったことを「出世」といった。現在、一般的に「出世が早い」と言う表現は、この公卿出身の僧侶の昇進が早かったところがオリジナルとなっている。（『仏教語辞典』麻田弘潤著・誠文堂新光社より）

比叡山延暦寺

住所 —— 滋賀県大津市坂本本町4220
電話 —— 077-578-0001
H.P. —— hieizan.or.jp

仏像プチコラム

#2

仏像のジャンルと種類

多種多様で、一見同じようにも見えるし、まったく違うようにも見える仏像だが、実際はそれぞれに細かいプロフィールや生まれた背景、決まりごとが存在する。そして、それぞれ役割や存在する意味があり、それに基づいたグループ分けもしっかりなされている。

まず、仏像は大きく「如来」「菩薩」「明王」「天」の、4つのグループに分けることができる。

ここからさらに細かく枝分かれしていくグループや仏像もあるが、おおよその仏像はこれらのグループに分類される。

仏像の種類・4つ

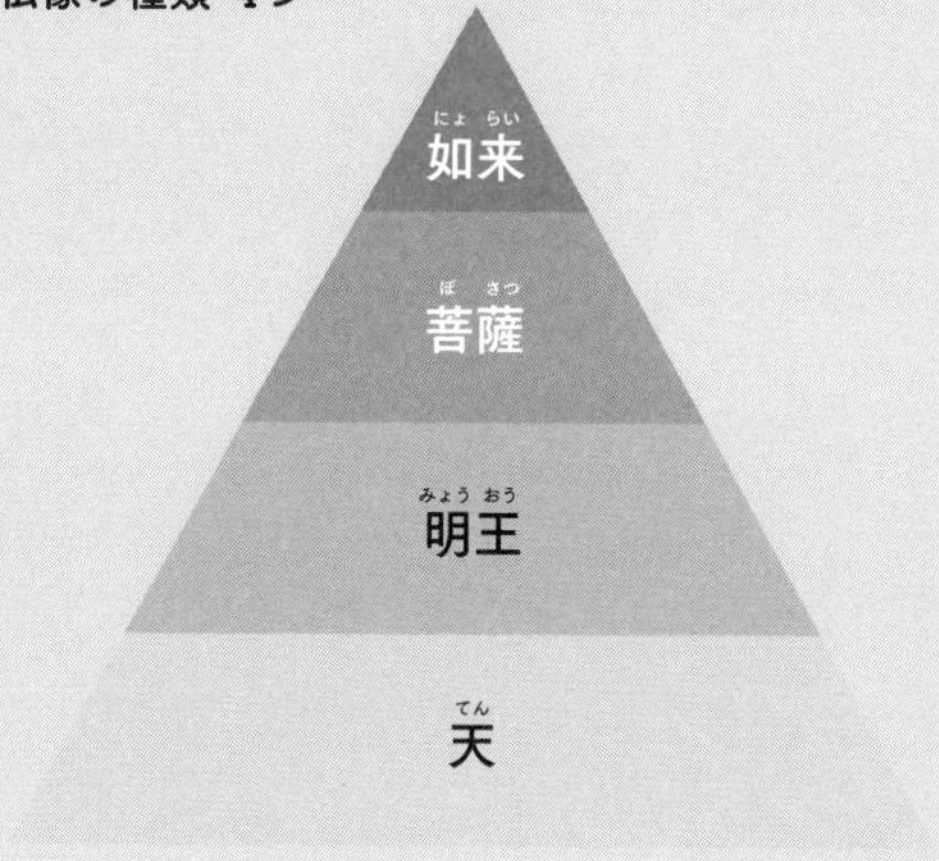

では、この4つのグループがそれぞれ、どんなふうに関わり合っているのか。

ヒエラルキーとしてのグループ分けはなされているわけだが、実際「偉い順番」という説明がされることも多い。このヒエラルキーはランク付けという解釈もあるし、純然たる役割の違いであるという解釈もある。

とはいえ、会社組織でも、スポーツ競技でも、リーダーを決めたほうが、より円滑に物事が進むのも事実。そういった意味でのリーダーや、上司的ポジションはもちろん仏界でも存在する。

それぞれのポジショニングをより明確にお伝えするため、いくつかの例で説明したい。

まずは、会社組織で例えた場合。これは仏像の説明に多く使われる例なので、もう知ってるよ！　という方もいるだろうが、この場合「如来」は「社長」、「菩薩」は「部長」、「明王」は「係長」、そして「天（天部とも言う）」は「一般社員」に当たると考えられる。

次に、パソコンで例えた場合。「如来」は「パソコン本体」、「菩薩」は「ＯＳ（動作システム）」、「明王」は「応用ソフト（アプリケーション）」、「天」は「支援ソフト（ミドルウェア）」と言える。

ほかにも、日本に昔から存在した神と仏が合わさった日本独自の仏である「垂迹《すいじゃく》」というジャンルにカテゴライズされる仏や、お釈迦さまの弟子であった方々、最澄や空海、聖徳太子などの宗祖、または祖師の方々が仏像になっていることもある。

役割をまっとうする仏像の姿に、あなたは何を感じるだろうか？

なぜなんだ、マウンティング

現代女性の不安を悟る
東慶寺　水月観音像

親友だと思っていた友だちが、子どもを産んだ。

そのとき私は、足の事故という人生最大の困難に直面していた。だが、親友の一生に一度の初出産を祝うべく、私は足を引きずって彼女のもとへ向かった。

そんな私に彼女は言った。「早く結婚して子ども産みなよ。こんなに幸せになれるのに」と。足の事故で日常生活を送ることすらままならず、このまま足が回復しなければ音楽の仕事ができないかもしれない、という不安を吐露していた私は、何を言われているのか理解できなかった。唖然とする私に、彼女は最高の笑みで言った。

「仕事、そんなにつらいならやめたらいいじゃん。やっぱり女に生まれたんだから、子どもも産まなきゃ」と。

マウンティング。もともとは、サルなどの霊長類が敵の上にまたがり優位性を示す行動を指す言葉だったが、ドラマのヒットも相まって、女性が女性に対して優位性を誇示する行為、という意味で使われるようになった。

マウンティングなんて言葉が流行る時点で、現代女性かなり病んでるな〜なんて、どこか他人事だったのに、まさか自分も直面してしまうなんて。本気で女に生まれたことを後悔した何度めかの夜のあと、私はとある一体の美仏に会いに行った。

岩にもたれて水面に映った月を見ているお姿とされる水月観音《すいげつかんのん》。水墨画に多く描かれ、中国の宋から元の時代に大流行したという。

そんな水月観音がいらっしゃるのは、鎌倉の東慶寺《とうけいじ》。幕府寺社奉行も承認する縁切り寺として知られ、封建時代から明治までの600年間、女性の離婚に対する家庭裁判所の役割も果たしていたお寺だ。

当時は、妻から夫に離婚を申し出ることは許されていなかった。だがどうしても耐えられないという女性が東慶寺をはじめとする縁切り寺に駆け込み、2、3年修行を積み、やっと離婚を成立させることができた。離婚の理由は、夫のDVや、夫は嫌いじゃないが姑に耐えきれずに、など今とさほど変わらない。そして東慶寺に駆け込んできた女性の平均年齢は「29歳」。昔も今も、アラサー女性は大変だったようだ。

私はそんな縁切り寺である東慶寺に、なぜ優雅で美しい水月観音がいるのだろうと思った。

南宋風の仏像、といえば先述した泉涌寺の楊貴妃観音も実は南宋風の仏像なのだが、水月観音もどこか楊貴妃観音に通じるところがある。特に冠の装飾は、南宋風の仏像であることを象徴するデザインだ。

像高は34センチ。右手に蓮の花を持ち、岩にもたれている姿でガラスケースの中にちょこんと収まっているのだが、そこにはまるで映画のワンシーンを切り取ったかのような優雅さが広がっている。

水月観音のその姿を見つめていると、水面に波紋とともに浮かぶ月が目に浮かんでくる。衣の表現もまた秀逸で、今にも立って歩き出すんじゃないかと錯覚させるほどのリアルさだ。

水月観音の顔を、じっと覗き込んでみた。その表情からは、感情はもちろん読み取れない。そこで頭に浮かんだ。そもそも水面に映った月というのは、比喩ではないか？　水面は世界で、水面に映る月は、私たち人間の心。水面が揺れると月も揺れて映る。そうであるならば、揺らめきながら水面に映る月を、水月観音はどんな心持ちで見つめているのだろう。

悩み苦しみ、傷ついた女性たちが集った東慶寺と、女性的で美しく優雅な水月観音。最初は、なぜこの場所にこの仏像が？　と思っていたが、向き合ううちにその必然性を感じ始めた。

水月観音には、女性的な美しさはあるが、女性的な嫌らしさはまったくない。水月観音は、苦しみ、傷ついた女性に寄り添う慈悲深さみたいな雰囲気を纏っているのだ。

この東慶寺にたどり着いた女性たちは、きっとマウンティングしあうことなんかなかったんじゃないかと私は思う。女性同士だからこそ、同じ苦しみを抱えた者同士だからこそわかり合える部分で、きっとお互いを救い合い、支え合っていたのだと思う。

女性から離婚を言い渡せなかった時代だからこその結びつきが、当時にはあったのだろう。足並みを揃えなければいけない時代だったからこその苦しみが、縁切り寺を生んだし、同時に救いも生んだ。

きっと水月観音は、そんな彼女らの心の拠り所になっていたのだろう。

人の心はあまり時代に左右されない。ベースは一緒。心から派生する行動パターンが若干変わるだけだ。

現代を生きる私たちは、もう足並みを揃えなくてもいい。好きな人と結婚できるし、結婚せずに自由な恋愛をいつまでも楽しんでもいい。結婚してたくさん子どもを産む人もいるし、結婚しても子どもを持たないと決める人もいる。でもだからこそ、結婚や女性としての生き方に対する価値観の違いに苦しむ人もいるだろう。

私たちに選択肢が増えたからこそ、迷いも不安も増えてしまった。みんな同じだからこそわかり合えていた部分も、なくなってしまった。それぞれが違うから、基準がないから、比べることでしか確認できないのだ。自分が本当に「幸せ」なのかどうか。

迷いを抱えた昔の女性のために生まれたのが縁切り寺ならば、迷いを抱えた女性の行き場のなさこそが、マウンティングを生んだと言えるかもしれない。

そう思ってみると、私に女の幸せを説いた親友は、幸せだ、幸せだ、とまるで自分に言い聞かせるように言っていたような気がする。

突然、結婚と出産が同時にやってきて、仕事もまだまだしたいと思っていたけど、好きな人と結婚して子どもを産めるなら自分は幸せなんだ、って。そう言っていた。まるで子どもが、注射する前に「痛くない？」と母親に確認するかのように。

今思うとそれは、「私はちゃんと幸せだよね？」という彼女の心の叫びだったのかもしれない。

本当に幸せなら、私なんかにアピールしなくてもよかったんだよ。だって、幸せでいてほしいから、わざわざ会いに行ったのに。マウンティングされたことがショックだったんじゃない。幸せでいてほしいと思った私の気持ちを踏みにじられたような気がして、悲しかったんだ。

優雅で美しい水月観音の前で、私は少しだけ泣いた。

東慶寺》　水月観音像《すいげつかんのんぞう》

豆知識

古い縁や過去の想いを断ち切ることで良縁を結ぶことができるという、パワースポットとして有名。

東慶寺

住所 —— 神奈川県鎌倉市山ノ内1367
電話 —— 0467-22-1663
H.P. —— tokeiji.com

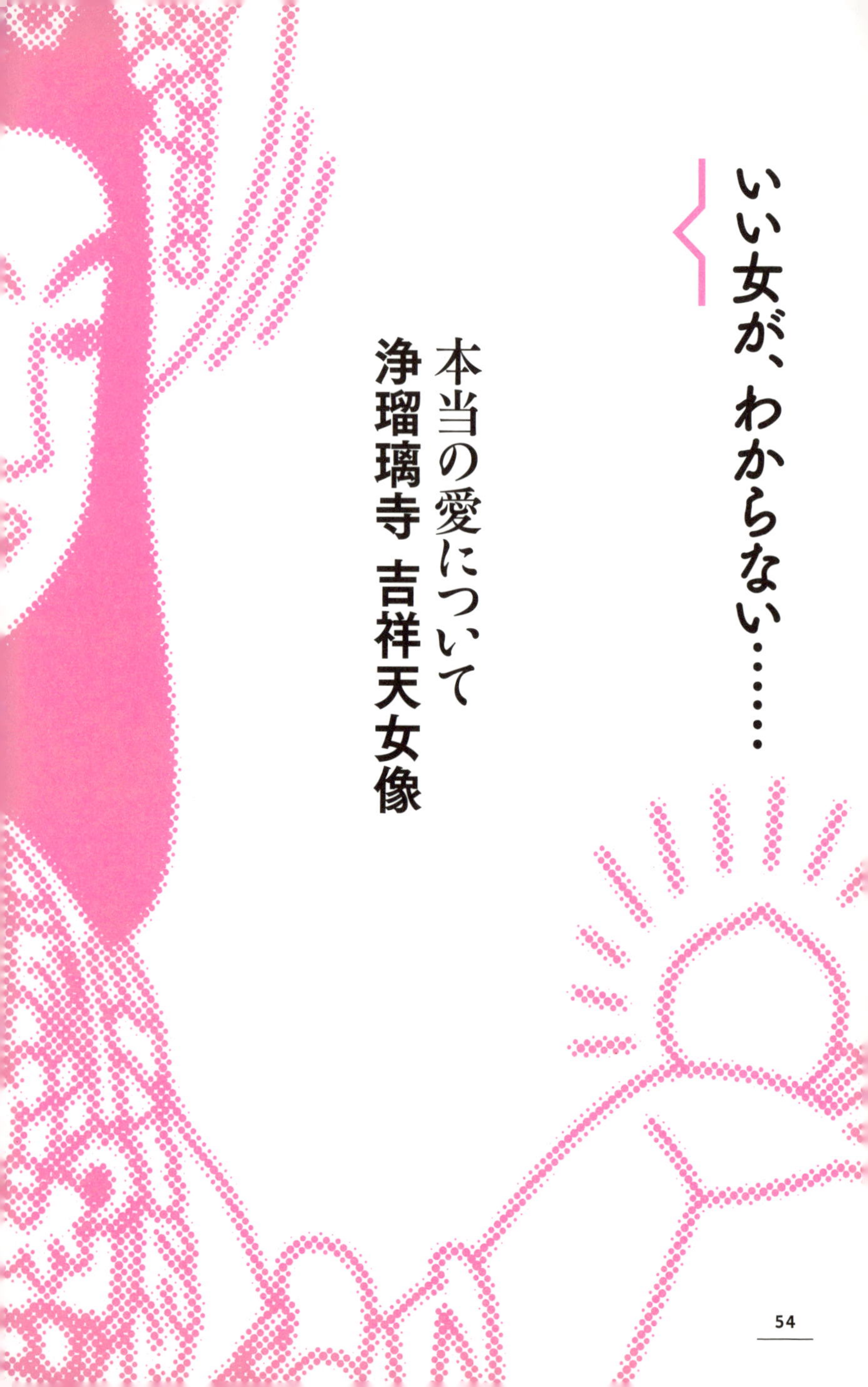

いい女が、わからない……

本当の愛について
浄瑠璃寺　吉祥天女像

「いい女」という言葉を使うのは、いつも男性な気がする。女性が女性に「いい女だよね」というのは、あまり聞かないし、目にもしない。男性が最上級の女性を表現するときに使う言葉。それこそが「いい女」。

いい女になることで得するのは、果たして女か男か、どちらなのだろう。

ネットでよく「いい女になるための○選！」という類の記事がアップされているが、いい女になった先に待っているものはいったいなんなのだろう。

「いい女の定義」が地味にずっと気になっていたので、男女それぞれが思う「いい女とは？」をネットでいくつか調べてみることにした。

まず、女性の思ういい女。

スタイルがいい／自立している／仕事ができる／仕事もプライベートも充実している等々、どちらかというと、どんな生き方をしているかという部分を重視しているみたいだ。

次は、男性の思ういい女。

清潔感がある／派手すぎない／常に思いやりを持って接する／相手をちゃんと立てる／料理が得意／言葉遣いがきれい／笑顔が素敵／謙虚／誰にでも平等／人の悪口を言わない／ちゃんと自分を持っている等々……男性側多くない!?　特に、笑顔が素敵ってなんだ!!　笑顔はみんな、素敵だろう!!と、いろいろツッコミどころはあるのだが、とりあえず男性は、性格的な部分、内面的な部分を重視しているようだ。

いい女を落としたい、と思うのは狩猟本能のある男性としては当たり前だろう。だから当然、女性に男性の思う「いい女」を求めるのもわかる。しかし、男女それぞれが思う「いい女」の定義にズレが生じているのも事実だ。

いい女ってなんだ？　いい女になることは、私たち女性にとって本当にメリットはあるのか？

考えれば考えるほどわからなくなってきた。なので、困ったときの仏頼み。ここは仏界一のいい女にご教示いただこうと思う。


世界で一番、いい女っぷりを発揮している仏像がいる。浄瑠璃寺《じょうるりじ》の吉祥天女像《きちじょうてんにょぞう》だ。春、秋、正月の一定期間のみ開帳される秘仏で、滅多に外気に触れないので、保存状態がとても良い仏像でもある。

蓮華座《れんげざ》という台に真っすぐ立ち、右手は与願印《よがんいん》という掌をこちらに見せるような形をし、左腕は肘を曲げ、手を肩の辺りまで上げている。その掌には、如意宝珠《にょいほうじゅ》というどんな願いでも叶えるといわれる、ドラゴンボール的な意味を持つ宝珠がちょこんと乗っている。

体は透き通るような白さで、男性が求めるような程よい肉づきのいわば「愛されボディ」だ。その愛されボディに、蔽膝《へいしつ》という中国の高貴な身分の女性が着ていた艶やかな赤色の前掛け的なものを合わせている。

なんというか、仏のわりに、ゴージャスで煌びやかな見た目をしている吉祥天。頭には宝冠を被り、瓔珞《ようらく》という宝石などの装飾品を身につけている。それはなぜかというと、吉祥天はリアル女神だったからだ。

吉祥天はラクシュミーという名前のヒンドゥー教の女神だった。そして帝釈天《たいしゃくてん》や四天王《してんのう》（お釈迦さまのボディガード）とともに仏教でも活躍をはじめた初期天部（P148参照）のメンバーだ。

元神様だった仏は、わりと性別がはっきりしていることもあり、なかでも吉祥天は結婚して子どもまでいるめずらしい仏だ。夫は、七福神のメンバーとしても有名な毘沙門天《びしゃもんてん》。ちなみに彼は四天王のメンバーでもあり、そのときは多聞天《たもんてん》という名前で活動している。

毘沙門天といえば、日本では福や財をもたらす存在として有名だ。また武神としても名高く、戦国武将からも支持を集めたり、中央アジアや中国でも単独で信仰の対象になるなど、ファンがとても多い存在だ。

いい男が選ぶのは、いい女と相場が決まっている。吉祥天は確かに美しい。でも、それだけではない。その美しさを引き立てているもの、それはズバリ「包容力」だ。そしてその包容力は、愛する相手にだけ発揮されるものではない。

こんなエピソードがある。

実は最初、七福神の紅一点は弁財天《べんざいてん》ではなく、吉祥天だったという。しかし、弁財天が毘沙門天に恋をして、吉祥天が七福神の座を譲った、というのだ。

弁財天のイケイケグイグイ具合もすごいが、旦那様を取られるかもしれないのに、自分の座を譲ってしまう吉祥天の懐の深さには、たまげてしまう。

仏教においても、「愛」は取り扱い注意となっている。求める愛は、仏教では「貪欲《とんよく》」と呼ばれ、それは「執着心」とも言える。そして、その愛はいずれ必ず苦しみに変わる。なぜなら、求めに求めても、欲には果てがないからだ。だから、貪欲は煩悩の元になると言われる「三毒」の一つとも言われている。

本当に必要なのは求める「愛」ではなく、与える「慈愛（慈悲）」であるのだろうと、私は思う。逆に「相手に執着するのは愛ではなく、結局は、自分を愛しているだけ」にすぎないのだ。

相手にとって本当に必要なものを与えて満たされるものが、本物の愛なのではないか。もちろん、甘やかすような与え方では相手のためにならないので、そこらへんの匙加減は本当にむずかしいのだけれど。

男性側が挙げた、いい女としての条件の「常に思いやりを持って接する」「相手をちゃんと立てる」「謙虚」「誰にでも平等」「人の悪口を言わない」を要約すると、要は「懐が深い」ということになるのだろう。

とはいえ、頭で理解していてもなかなかできないからこそ、「いい女」は尊いのだ。

アラサーになっても、まだまだ愛のなんたるかはわからない。

これからも、吉祥天さんに教えを請う日々が続きそうだ。

浄瑠璃寺 》 吉祥天女像

豆知識

吉祥とは繁栄・幸運を意味し、幸福・美・富を表す神とされる。まさに愛と美の女神。仏界のヴィーナスと言える。

浄瑠璃寺

住所 —— 京都府木津川市加茂町西小札場40
電話 —— 0774-76-2390

仏像プチコラム
#3

仏像の外見的特徴　その1

カフェでMacBookを開いている人を見ればノマドワーカーだとわかるし、ギターケースを背負ったマッシュヘアを見るとバンドマンなんだろうなと思う。ある程度の情報は、その人の持ち物を見ればわかるといえる。

そして同じく、仏像の個性と役割も、わりと見た目や持ち物でわかる。

だが、仏像の外見的特徴にはパターンがあるので、ぜひ、そこにも注目して会いに行っていただきたい。そして、もし違いがわからない、そんなときは手に注目してほしい。

仏像の手の形は「印相《いんそう》」または「手印《しゅいん》」といわれる。釈迦如来《しゃかにょらい》はだいたい、右の掌と左の掌を開いてこちらに見せている手の形をしている。それぞれに名前がついており、その手の印を「施無畏印《せむいいん》」「与願印《よがんいん》」という。

「施無畏印」は「何も恐れなくていいよ」という意味で、「与願印」は「あなたの願いを聞きましょう」という意味が込められている。

よく「大丈夫、大丈夫」と言うとき、胸のところに手をやって、相手に掌を見せる動作になることがある。お釈迦さまの印相もまさに、この瞬間を切り取ったものなのかもしれない。

阿弥陀《あみだ》如来は、亡くなったときに迎えに来てくれるという役割や、極楽浄土に連れて行って救ってくれるという役割を持っている仏なので、「来迎印《らいごういん》」というＯＫサインのような手の形をしているものが多い。

来迎印は、読んで字のごとく「迎えにきたよ～」というメッセージが込められている。さらにこの来迎印には9つの種類があり、それらの手の形によって死んだ後に行ける場所のグレードが変わると言われている。ちょっとドキドキハラハラしてしまう印相だ。

ほかにも釈迦如来、阿弥陀如来の印相で多いのが「定印《じょういん》」というもので、これはお釈迦さまが菩提樹《ぼだいじゅ》の下で瞑想していたときの手の形と言われている。

私たちは何かを考えるときに手を頬に添えたりするが、仏像も同じように考え事をしているときの手の形を「思惟手《しゆいしゅ》」といったり、お釈迦さまの説法していたときの手の形、いわばボディランゲージとも言えるその瞬間を「説法《せっぽう》印《いん》」と言ったりする。私たちが当たり前のようにしている「合掌」も、仏像のハンドサインとして登場する。

インドで「合掌」は、古くから相手に敬意を込めた挨拶の一つで、右手は「清浄な仏」、左手は「不浄の自分」を意味することから、それぞれを合わせることで仏と自分が一体になりたいということを意味するともされている。

仏像の手は、いわば「私たちへのメッセージ」。ほかにもいろんな手の形があるので、ぜひ、お気に入りのハンドサインを見つけてほしい。

さらに、手に注目してみよう。

実は、仕事道具を手に持つ仏もたくさんいる。薬師《やくし》如来は手に持っているものでそのアイデンティティを表している。まさに名前のごとく、手に「薬壺《やっこ》」という万能薬が入った薬の壺を乗せているのだ。

観音菩薩《かんのんぼさつ》は、手に蓮の花を持っている姿で表されることが多い。蓮の花は、泥の中から花を咲かせるところから、煩悩という泥の中からも悟りという花を咲かせることができる仏教の教えのようだとも言われ、仏教のシンボルとしても大切にされてきた。

剣を持っているのは、不動明王《ふどうみょうおう》と文殊菩薩《もんじゅ》が多い。煩悩などの「魔」を断ち切るというのはイメージしやすいかと思うが、これは剣を使って力づくで負かしなさいという意味ではなく、剣は「智慧」の象徴でもあると言われており、智慧を持って「魔」を制しなさいという意味である。毎度のことながら、なかなか奥が深いメッセージが込められているのだ。

さらに、これまた不動明王や千手観音《せんじゅ》が持っている「羂索《けんさく》」は、青、黄、赤、白、黒の五色の縄をよって作った仏具である。縄といえば悪いものを縛り上げるという印象があるかもしれないが、それだけではない。たとえば、海や川などで溺れたとき、縄を投げ入れて救出するだろう。それと同じように、羂索は苦しみ救いを求めている人を救い上げてくれる慈悲の象徴でもあると言われている。

ノマドワーカーはMacBookをカタカタいわせて良い仕事をし、バンドマンはそのギターをかき鳴らして素敵な音楽を作り、世界の役割を担い、果たしていくのだろう。そして仏像たちはその持ち物を最大限に生かし、人々に寄り添うという役割をずっとずっと果たし続けているのだ。

女磨きに疲れた

女子力よりも人間力！

観世音寺　馬頭観音立像

最近何かと女子力、女子力……。女子力とはなんの能力なのか。料理すると答えただけで「女子力あるね！」という、あの一連の流れはいったいなんなんだ。それは女子力じゃなくて「生活力」だろうがー!!

でも私たち女性は、女でい続けることをいつでも課されているように思う。結婚して、母になっても、男性から「子どもを産んでもきれいでいろ」とか「女として手を抜くな」とか言われるという話もよく聞く。女でいたいなら、いつまでもいつまでも「女」を磨き続けなければならない。それを強いられることが女の証明とでもいうかのように。

それは「女」として生まれたからこそ、しなければならない義務なのか？　そしてそれは同時に、「人間」としても必要なことなのだろうか？

福岡県太宰府にある観世音寺《かんぜおんじ》というお寺に、めずらしい仏像がいる。その名も、馬頭観音菩薩《ばとうかんのんぼさつ》。あまり聞きなれない名前なのではないだろうか。

仏教には、六道《ろくどう》というすべての命が生死を繰り返す、六つの迷いの世界があるという考え方がある。その六つの世界をそれぞれ担当し、救っているのが六観音と呼ばれる存在だ。そんな六観音のメンバーの一人が、馬頭観音である。馬頭観音は、日本ではあまり姿を見ない仏像だ。

源氏物語にも登場する観世音寺は、日本最古と言われる梵鐘《ぼんしょう》があり、西日本を代表する古寺として有名だ。宝蔵という収蔵庫には、平安時代から鎌倉時代にかけての仏像16体をはじめとする重要文化財が収容されている。そしてその中の1体が、日本最古にして、最大の馬頭観音菩薩だ。

像高は5・03メートル。ずっと見上げていると首が痛くなる大きさだ。四つの顔と八本の腕を持つ四面八臂《しめんはっぴ》で、それぞれの顔には額に目がついており、それぞれの手には私たちを救うためのさまざまな仕事道具を持っている。

肉厚な上半身から伸びる下半身は、写真で見るとかなりひょろっとしているが、実際に見るとちょうど良いバランスに感じた。もしかしたら、下から見上げることを計算してつくられたのかもしれない。

頭頂部にはその名の通り、馬の顔がついている。まさに異形そのものと言える見た目だ。仏教が生まれる前のインドにはバラモン教（ヒンドゥー教の源流で、天・地・風・太陽・火などの自然神を崇拝し、カースト制度という4つの階級制がある。輪廻転生の思想は仏教にも取り入れられている）という宗教が存在していた。馬頭観音は、その頃の名残を残した菩薩ともいえる。ちょっと日本や中国にはない異国のオーラがあるのだ。

そして何より、最大の特徴は、顔が怖いということ。「ザ・慈悲深い」というイメージの強い菩薩という名前がついているのに……。

馬頭観音は、菩薩のなかで唯一、怒った顔をしている仏である。眉間にしわを寄せ、目をつり上げた、厳しい表情。しかしそれは、怒っていると言われればそうかもしれないが、どこか穏やかさも付随するような不思議な印象を与える顔だ。

明王《みょうおう》と呼ばれる仏のグループがあるが、明王はかなり怒った顔で、しかも躍動感のある表現をされていることが多いので、鬼気迫る、圧倒されるような雰囲気を持つ。

その明王と同じ怒った顔をしていると言われるものの、馬頭観音は明王とはまた違う怒り方に感じる。なんというか、子どもが危ないことをしたときに、必死で怒る母の顔というような。やはり菩薩だけあって、厳しさのなかに慈悲が垣間見えるのだ。

それぞれ六つの迷いの世界を担当している六観音の中で、馬頭観音はズバリ「畜生道《ちくしょうどう》」を担当している。畜生といえば、鳥・獣・虫・魚などの人間以外のすべての動物を指すと思われているが、実は畜生道にいるのは動物だけではない。

なんと畜生道は、人として許しがたい行動や生き方をしたり、本能や欲望のままに刹那的な生き方をしている人間も、この世界に生まれ変わってしまうという。

いきなり「生まれ変わる」とか言われても、ピンとこない人もいるだろう。

ならば生まれ変わるという考え方はいったん端に置いてもらって、あくまで自分が生きている「今」に置き換えて考えてみるのはどうだろうか。

人生というのは、自分の生きた「今」の積み重ねだ。ということは、自分が決めた「今」の連続こそが、人生をどう生きるかを決めていると言えるだろう。「今日をどう生きるかで、明日も決まる」ということだ。

今を大切に生きることと、今だけ楽しければいいということは、まったく別物だ。明日の準備をできるのも、今日という時間だけ。それをするかしないかで、当然結果も変わってくるだろう。

「今」という時間は、すぎれば「過去」になるけれど、「今」の連続は「未来」を作る。刹那的に生きるということは、未来をなおざりにすることにつながってしまうかもしれない。

30代になってから、いわゆる「女としての魅力」よりも「人間的な魅力」を求められるようになったと実感している。30代は、手放しで「若い」とは言えないから、もう若さを言い訳にすることも、盾にすることもできない。そして、10代、20代を通して、いかに人間的な成長を遂げたのか？　それが急激に求められる年代だとも思う。

20代前半のときは、女磨きが楽しくもあった。ただ、女を磨いたからといって、それが人間的な成長につながっているかと言われれば、正直微妙だ。たとえば何度も同じような男に引っかかって、そのたびにいくら女を磨いたところで、本当に磨かなければいけないポイントをなおざりにしたままでは、何度も同じような男に引っかかってしまうだろう。

だけど私たちは、どこまでが「女磨き」で、どこからが「人間磨き」なのかがわからない。だからとりあえずわかりやすい形で必死に磨くのだ。女を。ヨガ、ジム、エステ、料理教室…etcにも通う。ムダ毛もちゃんと処理する。下着もいつもいいものをつける。ボディクリームをたっぷり塗って保湿もする。行動しているときだけ、安心できるから。

だけどあるとき、急にそれが「虚しい」と思うようになった。これは女性としての価値を自分で下げているのではないか？　そう思うようになった。

もっと輝くために女を磨きたい。もちろんそれは悪いことじゃない。でもその「女磨き」は、自分への「投資」じゃなくて、自分を「消費」することになっていないか？　女として、いい男に選ばれたい。それはもう「メス磨き」になっていないか？

そう思った瞬間、なんのために女であるのかわからなくなって、自分がどんどん透明になっていくような気がした。

私が、なぜ「女磨き」に虚しさを感じたのか。それは長い目で人生を見た場合、人間的な魅力につながらない女磨きは刹那的なものであり、未来につながるものではないかもしれないと気づいてしまったからだ。女を磨いた先に、何かは待っているのか、と。

私たちは、どうしても「磨き上げた自分」をゴールに設定してしまう。だけど、それはあくまで経由地点であり、ゴールにはなり得ない。

そもそも「女を磨く」理由には「人から羨望されたい」「人よりも優位でいたい」「女性ヒエラルキーのなかで上のランクにいたい」という気持ちが、実のところ隠されていると思う。そんな気持ちが永遠に満たされ続けることはないし、だからゴールに設定するのも無理がある。

女磨きは、自分の人生を豊かにするために必要な「要素」であって、本質ではないだろう。素敵な男性に見合う女性になりたい、好きな男性を支えられる女性になりたい……。そのためにする「女磨き」が「人間磨き」となって、人生を豊かにしてくれるのではないだろうか。だからこそ「どう、それをやるのか？（ＨＯＷ）」よりも「なんのために、それが必要なのか？（ＷＨＹ）」が「女磨き」の本質を見極める上で重要な視点なのかもしれない。

女子力という言葉が嫌いだった理由が、観世音寺の馬頭観音と向き合っているうちにわかってきた。その言葉は、女性をメスとしてみているような表現に感じるからだ。

それはもちろん、女性側だけの問題ではなく、男性側の責任も大いにあると思う。ぽっちゃりが好きというから、例を挙げてもらえば、深キョンとか平気でいう、アレはいったいなんなんだ！

女性に、「こうあるべき」を強いることを男の特権と思っているのなら、それこそ動物的な振る舞いといえよう。女にそれを求める男も、それに応えようとする女も、なんと本能的に、刹那的に生きているのだろう。

昔から、あまたの人間を見てきたであろう、観世音寺の馬頭観音。母が子どもを叱るような、慈悲が隠れたその厳しい表情は、私たちにいったい何を伝えようとしてくれているのだろう。

「せっかく人間に生まれたのに、まず人間磨きをしないでどうする。女を磨くだけで終わってはつまらんぞ」

そうだ。その女磨きは、人間としての私の人生を豊かにするものなのか。家族や友だち、愛する人、そして見知らぬ誰かを幸せにできるものに結びつくのか。それをまず考えることが、本当の意味での「女磨き」に重要なタスクなんだ。

こっちに来たら、許さない。と言わんばかりに、立ちはだかる馬頭観音。観世音寺の馬頭観音が大きい理由も、少しわかった気がした。

ばとうかんのんりゅうぞう

観世音寺 〉〉 馬頭観音立像

豆知識

国宝にもなっている梵鐘は京都妙心《みょうしん》寺《じ》の梵鐘と兄弟鐘といわれ、現存する梵鐘では日本最古。また「日本の音風景100選」に選ばれている。毎年大晦日には開放され、あの菅原道真が聴いた音を聴くことができる。

観世音寺

住所 —— 福岡県太宰府市観世音寺5丁目6-1
電話 —— 092-922-1811

仕事、限界かもしれない（涙）

仏界一の仕事人に会いに行く

五百羅漢寺　普賢菩薩

人間の体には時限装置がついている。とはよく言ったもので、きっかり30歳になってから、体の無理がきかなくなってきたような気がする。筋肉痛はまだ翌日に来るけれど、怪我の治りは心なしか遅くなった気がする。徹夜は、間違いなくもう無理だ。

気合と根性ではどうにもならなくなってくるのが、アラサーの仲間入りを果たした証拠ともいえよう。だけど、せっかく人生を懸けて頑張ってきた仕事だ。どんなに体にガタが来始めていても、まだまだ頑張りたい。だけど、毎日こなすことに必死になって、仕事をやればやるほど、なんだか虚しくなることがある。

私はちゃんと社会に必要とされる形で、働けてる？

働くだけじゃ満たされない。働いて、そして何を成したかが、働くことにおいて大切なことじゃないの？

私はずっと、仕事を最優先にして生きてきた。そしてそれは自分にとって夢を叶えることでもあった。だけどいつしかその夢に縛られ、「10代も20代も費やして頑張ってきたのに、まだここまでしか来れてない」「自分のやりたいことは本当にこんなことだったのか」と、限界を感じ始めた。

忙しいことはとても有り難い。それだけ求められていると思える。だけど、裏を返せば私には、ずっと仕事しかなかった。私から仕事を取ったら、何も残らない。絶対にやめてはならないと思う。でも、やめたいほどつらい。あんなに好きではじめた仕事なのに、もう好きかどうかわからなくて苦しい。

そう葛藤しながらなんとか立っていた時期が、私にはあった。27歳。アラサーであることを受け入れたくない。そんなピークでもあった。

そんな時期に私が足繁く通っていたお寺で、出会った仏像がいる。東京都目黒にある五百羅漢寺《ごひゃくらかんじ》にいらっしゃる普賢菩薩《ふげんぼさつ》だ。

五百羅漢寺には、その名の通り、お釈迦さまの弟子で悟りに到達した「阿羅漢《あらかん》」という人たちが仏像となって数多くいらっしゃる。元禄時代に松雲元慶《しょううんげんけい》という禅師が、我が故郷、大分の五百羅漢石像にインスピレーションをもらい、江戸の町で托鉢をして集めた浄財をもとに、十数年の歳月をかけて彫り上げたものだという。

当時の江戸時代は、亡くなった人の面影を探すことができる羅漢信仰が流行っていた。当初は536体あったとされる羅漢像だが、現在でも300体以上の羅漢像が現存している。

そんな並み居る羅漢像の中心に座っているのが、釈迦如来《しゃかにょらい》。そして釈迦如来の脇をそれぞれ固めているのが、普賢菩薩と文殊《もんじゅ》菩薩だ。

釈迦三尊像といって、三尊の形式の場合は、おおよそ脇を固めるのは文殊菩薩と普賢菩薩と相場が決まっている。二仏とも「智慧」を司る仏として有名だが、特に文殊菩薩は「三人寄れば文殊の知恵」という言葉の元になっているほどの存在だ。

通常、普賢菩薩は六本の牙を持つ白い象に乗り、菩薩では唯一の合掌したお姿が多く見られる。なぜ六本の牙なのかというと、六波羅蜜《ろくはらみつ》という菩薩にとって必要な6つの修行（布施、持戒、忍辱、精進、禅定、智慧）の象徴であるらしい。

文殊菩薩は、獅子に乗り、右手には剣を持っているというのが一般的だ。なぜ獅子と剣なのかというと、百獣の王と言われる獅子は、その強さで文殊菩薩を守っているという説と、文殊菩薩の持つ智慧を表しているという説がある。

頭の良い人のことを「頭が切れる」などというが、文殊菩薩の持つ剣は、まさに「智慧の鋭さ」を表しているのだ。さらに「智慧」はサンスクリット語で「切れる」という意味でもあるので、それが剣に結びついているとも言われている。

整理すると、普賢菩薩は「修行」を、文殊菩薩は「智慧」を担当している。「修行と智慧の実践」。その二つが一つになって、初めて「悟り」というものが表現される。それを普賢菩薩と文殊菩薩は表しているのだ。

だが、五百羅漢寺の普賢菩薩も、文殊菩薩も基本的なお姿とは少し違うイレギュラーなお姿をしている。特に注目したいのは、普賢菩薩。

萬福寺《まんぷくじ》の羅睺羅尊者像《らごらそんじゃぞう》に通ずる、オリエンタルな雰囲気を醸し出しているが、それは五百羅漢寺がもともと黄檗宗《おうばくしゅう》（中国禅の宗派）だったからだろう（現在は浄土系の単立寺院）。

左足を右足の上に乗せた半跏《はんか》という座り方で、両手で経典を持ち、口元は少し穏やかに結ばれている。そして、なんとオールバックなのだ。

なんなんだ！　このなんとも言えない「余裕」のあるかっこ良さは。特に、オールバックが「仕事のできるいい男感」を絶妙に表現している。

私がいつも欲していたのは「余裕」だった。余裕のある人って、なんか仕事もできるイメージだったから。だけど、その余裕ってなんだろう？　と、五百羅漢寺の普賢菩薩を眺めながら、改めて考えてみる。

普賢菩薩の座り方も、着ている服も、落とす目線の感じも、経典の持ち方も、何もかもに「余裕」さが表れている。そしてその表情はよく見つめてみると「満たされている」表情にも見える。

普賢菩薩が醸し出すその余裕は、「充足感」に裏付けされたものではないかと、私は思い至った。

普賢菩薩の名前の由来は、『華厳経《けごんきょう》』というお経に登場する「普賢行《ふげんぎょう》」という慈悲を実行する修行にある。「普賢」は「あまねく優れた」という意味の形容詞で、あらゆる面ですごい、という意味になる。そういった由来を持つところから、普賢菩薩はさまざまな利益をもたらす存在とされている。

「修行」を司る普賢菩薩は、何よりも「実践力」の仏。さらに普賢菩薩は、文殊菩薩が考えた「十の大願」を実行するために生み出された理想の姿と言われている。そんな「十の大願」の中の十番目は「自らの努力で得た能力も、すべてみんなに分け与える」というもの。普賢菩薩は、誰よりもストイックである。

初めて女性も成仏できることを説いた『法華経《ほっけきょう》』では、法華経を信仰する者を守る菩薩として、普賢菩薩が登場した。

それまでの仏教では、女性は男性に比べると煩悩が多いから、悟ることも成仏も無理だとされていた。（現代の女性が聞いたら、それこそ女性差別だと怒られそうだが、まあなんかわからんでもない……）

しかし『法華経』では、無理だと言われていた女人成仏を説き、その法華経を守る普賢菩薩は、とても女性人気の高い仏なのだ。

普賢菩薩はとにかくそのストイックさを武器に、さまざまなフィールドで活躍している仏。言うなれば、仏界一仕事しすぎな仏かもしれない。そして自分の能力を惜しみなく、

「仕事（役割）」という形に落とし込んだ存在であり、自分で自分のニーズを生み出した存在とも言えるだろう。

普賢菩薩に会いに行っていたとき、私の身に起こっていたのはアーティストとして、もう仕事ができないかもしれないという危機だった。

私は音楽のアーティストとして長年活動していた。だが、実力が試されるＵＳＥＮで１位を獲った翌年、まさにこれからというときに足の事故に遭い、歌って踊ることはおろか、まともに立って歩くことすらできなくなった。

病院の先生からも、「治るかどうかわからない。治っても、以前のように踊れるかどうかはわからない」と言われ、今まで頑張ってきたものが一瞬にしてこの手からすり抜けてしまった感覚が、足元から毎日襲ってくるようだった。だけど同時に、「これでこの仕事を終える理由ができた」とほっとしていた気持ちもあった。

音楽業界は厳しい。音楽で夢を見られる時代など、とうに終わっていた。大手事務所も、メジャーレーベルも平気でつぶれていく、そんな時代。

それでも努力すれば、本当にいいものを作っていけば、いつか認められる。報われる。そう信じてきた。だからこそ、インディーズでもメジャーレーベルと同じように出演できるメディアに出演させてもらったり、ラジオのパワープレイで選んでいただいたりもした。

でも、現実はやっぱり厳しい。限りある枠の中でどれだけ頑張っても、突出することはできない。音楽の良し悪しではなく、再生数やフォロワー数で判断されてしまう。モチベーションなど保ちようがなかった。

そんな私にとって足の事故は、体裁的にも音楽をもうやめていい十分な理由だった。もう、疲れた。やめよう。なにもかも、足の事故のせいにして。

仕事の「本質」とはいったいなんだろうか。特に音楽を生業にする人間にとって、どこからが「プロ」なのかがとても曖昧だ。資格があるわけでもないので、自称プロを名乗る人もたくさんいる。だけど、趣味ですと言いながらも、いい仕事をする人もいる。いったい、どこからが「仕事」と呼ぶに値するものになるのか。

仏教における「智慧」とは、「物事をありのまま見て、認識し、判断すること」を指す。知識や、技能を持つことが本当の智慧ではなく、その知識や技能を正しくどう使うかわかる力のことを智慧という。そしてその智慧を実践し、体現していくために必要なものが「修行」といえる。

物事をありのまま見る、ということは、自分のしょうもないプライドや好き嫌いの分厚いゴーグルも外して物事を見るということだ。

たとえば、目の前にパンツがあるとする。それが愛する人のパンツだったら、わりと平気なのに、見ず知らずの人のパンツだったら、視界にも入れたくないと思う。どちらも同じ「パンツ」なのに。

物事をありのままに見る、というのは、誰が履いたにかかわらず「ただのパンツ」と認識することだ。そこに自分の感情は伴わないので、苦しみは生まれない。

五百羅漢寺の普賢菩薩から、余裕さの裏側にある充足感を感じとったとき、私は自分のちっぽけなプライドや執着によって、「自分自身の幸せ」を置き去りにしていたことに気がついた。

「誰かの役に立つこと」を優先させすぎて、「多くの人の役に立った、求められた結果」としての目に見える実績に固執していた。それがいき過ぎて、自分の「幸せ」を見失わせるようなものになれば、本末転倒だ。

「誰かの役に立ちたい」と思う気持ちもまた「執着」。

仕事の本質は、その仕事を通して周りの人だけでなく、自分さえも幸せにできるか？そこにあるのだ。そしてそれが達成できるのであれば、仕事の内容はなんだっていい。

音楽は、人生を懸けるぐらい「好き」なものだけど、「好きなもの」を「好きなまま」仕事にしていくのはとてもむずかしい。特に、こだわりや執着は邪魔な存在だ。

「好きなものを好きなまま仕事としてやっていく」ことこそが、何よりもの「智慧の実践」であり、「修行」と言えるのかもしれない。

「自利利他」という言葉が仏教にはある。

これを私は「誰かのよろこびを作ることが、自分のよろこびになる」というふうに解釈し、講演会などで話している。

あるとき、あるお坊さんが「僕たち僧侶は、どうしても忘己利他──自分を忘れてまで人の利になることをしなさい。という考え方になってしまう。だけど、SALLiAさんの解釈だとみんな幸せになっていいな、と思った」と仰ってくださった。

私たちはあまりにも「働くことの意義」を、他者に置き過ぎていると思う。自分の仕事によってほかの人がどんなに幸せになっても、自分自身が幸せでなければ、仕事の本質からは遠ざかってしまっているのだろう。

もちろん、自分のよろこびのためだけに働けというつもりはない。生活のため、お金のため、自分の利として割り切れる何かがあるなら、十分「仕事」として成立しているだろう。仮にお金や生活が苦しくても、自分がその仕事をしていることで満たされるなら、それは十二分に「仕事」の本質を極めているとも言えると思う。

現在、リハビリをして私の足は動くようになった。後遺症はあるが、なんとかアーティスト活動も続けている。仕事の量は増え、今まで以上にプライベートの時間なんてなくなってしまったけれど、それでも心の余裕も、充足感も、前よりはずっとある。

目の前に仕事が与えられる、ということは、それに値する能力も与えられているということだ。いろんな能力でアクティブに働き続けている普賢菩薩のモチベーションは、まさにそこにあるのかもしれない。

働くことの本質は、誰かの笑顔と自分の笑顔を作るためだ。足の痛みに耐えるだけの日々と、五百羅漢寺の普賢菩薩との出会いが、働くことの本質へと向かわせてくれた。

自分のニーズは自分で作り出す。その能力を求められる人間になる。ビジネス書に書いてありそうなフレーズを地でいっている普賢菩薩に見習って、私も「仕事のできるいい女」になってやろう。

経典越しに見る、五百羅漢寺の普賢菩薩は今日も「仕事のできるいい男」感、満載だ。

五百羅漢寺》　普賢菩薩《ふげんぼさつ》

豆知識

五百羅漢寺の普賢菩薩も文殊菩薩も、もともとはそれぞれ象と獅子に乗っていたのだが、明治の廃仏毀釈によって失われてしまったらしい。

五百羅漢寺

住所 —— 東京都目黒区下目黒3丁目20-11
電話 —— 03-3792-6751
H.P. —— rakan.or.jp

仏像プチコラム
#4

如来とは？

仏像といえば「パンチパーマで、おでこにイボがあって……」というイメージを持っている人も多いだろう。しかし、その特徴を持っているのは、「如来《にょらい》」に属する仏像のみである。

「如来」とはどんな存在かというと、「悟りを開いた者＝仏陀《ぶっだ》」のことを指す。

髪はパンチパーマではなく、「螺髪《らほつ》」という。一本一本の髪の毛は長く、それらが渦のように巻いてパンチパーマのような形状になっている螺髪は、智慧に優れていることの象徴の一つと言われているらしい。

そして、おでこのホクロ（またはイボ）は、これまた、ホクロでもイボでもなく、なんと髪の毛なのだ！

この特徴は「白毫《びゃくごう》」と言われ、眉間に生えた白い毛が、右巻き（時計回り）に巻かれ、イボのような形になっている。そしてこの白毫は光明を発すると言われ、この光明もまた、智慧や慈悲の心を象徴するものと言われている。ちなみにこの白毫、伸びると一丈五尺（約4・5メートル）あると言われている。

如来の「如」とは「真理」を指す言葉で、如来はつまり真理の世界からやって来た者、この世の道理を知る者という意味になる。

地球上に存在した「ブッダ」は、「お釈迦さま」ただ一人だけだが、紀元1世紀ごろのインドではある考え方が生まれ、それにより新たな「如来」が登場した。

その新たな考え方が生まれたきっかけは「お釈迦さまの死（涅槃《ねはん》）」。

みんなの生きる指針であり、支柱であり、カリスマでもあったお釈迦さまの死は、人々を不安にさせた。この世界には、もうお釈迦さまはいない。無仏の時代、それはつまり、もう仏による救いは得られないということを意味する。

そこで必要になったのが「新たな如来」。世界は、私たちが住んでいるこの世界だけでなく、同時に複数の世界が存在している。私たちが住んでいる世界にブッダ（お釈迦さま）がいたように、それぞれの世界にも別のブッダが存在するはずだ！と。

そうして登場したのが、「阿弥陀《あみだ》如来」や「薬師《やくし》如来」などの新たな如来である。

「如来＝悟り」を証明するかのように、如来の体にはさまざまな特徴がある。先に書いた「螺髪」や「白毫」は、まさに悟った証拠だ。

如来であることを証明する身体的特徴は「三十二相八十種好《さんじゅうにそうはちじっしゅこう》」と呼ばれ、ほかにも面白い身体的特徴がある。いくつかご紹介しよう。

- **金色相《こんじきそう》**……全身が金色に輝いている。
- **正立手摩膝相《しょうりゅうしゅましっそう》**……直立した時、手が膝に届くくらい長い。
- **頂髻相《ちょうけいそう》**……頭の肉が盛り上がり、そこには智慧が詰まっているという。
- **大舌相《だいぜっそう》**……舌が大きく、口から出すと髪の生え際にまで届く。しかも、口に入ってもいっぱいにはならない。

・**馬《め》陰蔵《おんぞう》相《そう》**……馬のように男根が体内に隠れている。
・**四十《しじゅう》歯《し》相《そう》**……歯が40本あり、しかも白くきれい（常人は32歯）。
・**味《み》中得上《ちゅうとくじょう》味《み》相《そう》**……何を食べても、最高に美味しく味わえる。
・**梵声相《ぼんじょうそう》**……美しい声。遠くまでよく通る声。
・**足下《そくげ》安平《あんぴょう》立《りゅう》相《そう》**……足裏と地面が密着するほどの扁平足。
・**手足指《しゅそくし》縵網相《まんもうそう》**……一人も取りこぼさず救えるようにと手に水かきがついている。

こんな超人的な特徴を持つお釈迦さまってなんなの!?　と思われるかもしれない。しかし、お釈迦さまは紛れもなく人間だった。

コラム1でも書いたが、お釈迦さまの死後、組織も分裂していくなかで、お釈迦さまがどれだけ偉大な存在であったかが、きっとみんなの心の拠り所になっていた部分もあったのだろう。

お釈迦さまの超人的な身体の特徴は、その偉大さをみんなが語り継ぐことによって生まれたものであろうと推察される。

さらに、古代インドにはカースト制が存在し、身分によって生まれてくる場所が違ったり、偉い人には普通の人と異なる性質や特徴があると信じられてきた背景も、如来の超人的な特徴に影響しているだろう。お釈迦さまが右の脇から生まれたというエピソードも、あれはお釈迦さまが王族で、上から二番目の身分に属していたからだと言われている。

そういったバックボーンを知った上で見ていくと、この超人的な特徴には、当時の人たちの「超人的な存在を求めた人間らしさ」が詰まっているのかもしれない。

婚活、やめたい。

結婚の意味と尊さについて

永観堂禅林寺　見返り阿弥陀

「婚活」というキーワードを入れると、わりと上位に「婚活　疲れた」と表示される。なんと世知辛い世の中だろう。

まだまだ仕事的にも、立場的にも、自分的にも、結婚するつもりはないのに、年齢を言っただけで、お寺の婚活パーティーに誘われたときは、地味に傷ついた。

何度だって言う。女にとって30歳は、やはり鬼門だ。悪しき価値観、という名の魑魅魍魎との戦いの火蓋が切られる瞬間がズバリ30歳。女の幸せは結婚とか、もう古くない？　今どきの女は、自分で稼いでマンションとか買っちゃうんだからね、と言いつつ、やはり婚活地獄からは逃れられない女性も多いだろう。

結婚が女性の幸せのすべてとは限らない時代。話題になったとある結婚雑誌の「結婚しなくても幸せになれるこの時代に、私は、あなたと結婚したいのです。」というキャッチコピー。私も率直にいいキャッチコピーだな、と思った。

「結婚＝幸せ」という方程式は、とっくに崩れている。だったらそもそも、今の時代、なんのために結婚すればいいのだろう？　そしてなぜ、婚活は疲れるのだろう？

実を言うと、私はずっと結婚したくないと思っていた。ずっと一人で生きて行けるものならそうしたい、そう思っていたのだ。両親が小学4年生の時に離婚し、家庭内も常に荒れていたので、なんというか、ありがちなのだが、結婚や夫婦にいいイメージがなかった。

でもここ最近、その考えが大きく変わった。

今まで、私は強いから、誰にも頼らなくても一人で生きていけると思っていた。だけどそれは本当の強さではないのではないか？　誰かと共に歩める人のほうが、ずっと強いのではないか？　私と歩むことによろこびを感じてくれる人がいることで、私はもっと強くなれるかもしれない。それが結婚の尊さなのだ、と。

私にそう思わせた仏像がいる。京都にある永観堂禅林寺《えいかんどうぜんりんじ》の見返《みかえ》り阿弥陀如来《あみだにょらい》だ。

阿弥陀如来といえば日本でも多くの例を見る仏像だが、この見返り阿弥陀はその名の通り、左側に顔を向ける形で振り向いている。そんなポーズをしている像はほとんど見ない。阿弥陀如来がなぜ、振り返っているのかというと、それはこんな伝説による。

永観《ようかん》という僧侶が、底冷えのする2月のお堂で、阿弥陀如来像のまわりを念仏を唱えながら歩く修行をしていた。すると須弥壇《しゅみだん》に安置してある阿弥陀如来像が下りてきて、永観の前を同じように念仏を唱えながら歩き始めた。

突然のことに永観は驚き、呆然と立ちつくしてしまう。そんな永観に、阿弥陀は左肩越しに振り返り、「永観、おそし」と言った。それ以降、阿弥陀如来像は、振り返ったままの姿になったという。

像高77センチ。まっすぐ伸びた背筋、肩からすらりと伸びる長い腕、振り返る顔の小顔具合など、絶妙なバランスで表されている。細身でサイズも小さく、派手な印象は正直ない。だが華奢で小さいのに、なんと頼り甲斐のある雰囲気を持っているのだろう。

私はその姿を眺めながら考えた。「永観、おそし」には、阿弥陀如来のどんな思いが込められているのだろうと。


突然だが、私は歩くのがとても遅い。いつも一生懸命歩いているのに、まわりの人はみんな私を追い抜いていく。いつしか私は、人の背中の観察をするようになった。急いでいる背中、怒っている背中、悲しんでいる背中、よろこんでいる背中、冷たい背中、優しい背中……。背中には意外と、その人の感情や生き方が表れていると思う。

そしてもし、私が結婚相手を選ぶなら、この人の背中をずっと見ていたいなぁと思う人を選ぶだろう。その背中を安心して追いかけることができて、自分の背中を見せることも預けることもできる。そんな背中を持つ人と、私は結婚するのだろうと思う。

もちろんそれだけでは成り立たないと思うが、条件よりも、なんかうまく言えないけど、この人のここがすごく好きだなぁと思える部分のほうが意外と大切な気が、ずっとしている。

見返り阿弥陀の背中には、先を行く責任感と強さ、そして優しさが表れている。見返り阿弥陀の姿には、寄り添う優しさではなく、少し先で待つ優しさがあるのだ。そして、相手を信頼して待つことができる強さ。

「永観、おそし」には、「私がちゃんと先に行って待ってるから、安心しておいでよ」という意味と「私はあなたを信頼しているよ」という意味が込められているように思えてならない。

共に歩んでくれる人がいるから、自分の歩みを進めることができる。相手を信用しているから、先に行って待つこともできる。誰かと共に歩む決断が、責任感を持たせてくれる。永観は、そんな阿弥陀如来と共に行けることをよろこびにして、一歩一歩、歩みを進めたのではないだろうか。

婚活に疲れを感じるのは、「条件」で相手を精査しなければならないからだ。

条件を言い換えると、相手に何を「求める」かということ。求めた分だけ、返ってくることは決してない。なぜなら結婚は「生活」だからだ。

価値観の違うもの同士が、同じ生活をしなければならないから、求めた分と同じ分だけ返ってくることは決してない。

この世に理想の相手も、運命の相手もいないと私は思う。運命なんて意外といい加減で、相手のことを運命と思えるかによって決まるもんだろう。

無条件で愛し合える相手も当然いない。そんなのイエスキリストじゃあるまいし。誰にもできないから、イエスキリストはすごいんだ。これ、仏教の本だけど。

親に急かされているから、老後が心配だから、親の介護が必要だから、金持ちの男と結婚して楽な生活をしたいから、仕事をやめたいから……。そんな理由で婚活をしているなら、やっぱり疲れるし、上手くはいかないだろう。

自分の都合を優先している人に、結婚する資格はきっと与えられないのだろうと思う。相手のことを尊重できる、いい物件から売れていくのが、この世の理だ。

ときには、相手の背中についていく潔さと、相手が歩けなくなったときに、頑張って先に歩みを進める強さが、結婚にはきっと必要なのだろう。見返り阿弥陀にも、永観にもなれるそんな柔軟さが。

私にも見つかるだろうか。見返り阿弥陀のような、素敵な背中を持つ人が。

みかえりあみだ

永観堂禅林寺》見返り阿弥陀

豆知識

永観堂禅林寺は「もみじの永観堂」として有名なお寺で、『古今和歌集』でもその紅葉の美しさが詠まれたほど。旅行者が選ぶ「日本の紅葉名所ランキング」でも、何度も1位を獲得している。見頃は11月上旬から中旬にかけて。

永観堂禅林寺

- 住所 —— 京都府京都市左京区永観堂町48
- 電話 —— 075-761-0007
- H.P. —— eikando.or.jp

その承認欲求、なんのため？

煩悩をコントロールする
醍醐寺 弥勒如来坐像

足が速くてモテるのは、小学生までだ。そして頑張って褒めてもらえるのは、10代までである。大人になるということは、「頑張るのが当たり前になる」ということだ。

ありのままの姿で高らかに歌い、宣言する某ディズニー映画が流行ったのは、つい数年前のこと。「ありのままの姿で生きていきたい」そう願う女性に、響いたらしい。でもそれは、「ありのままの私を認めてほしい」という「承認欲求」の表れだと私は感じた。

私たちは、認めてもらいたいのだ。自分以外の誰かに。

SNSは原因ではなく、あくまできっかけ。もともと私たちの中に根深くあった承認欲求が、SNSというツールによって、表面化されやすくなっただけにすぎない。

ここ10年で「承認欲求」という言葉はかなり市民権を得た。そして、ここ最近でもう一つ市民権を得た言葉「意識高い系」。これもまた「承認欲求」を満たしたい人がカテゴライズされると思う。

だが、私たち日本人は「自己肯定感」が極めて低い人種らしい。日本を含めた7カ国で若者の自己肯定感を調査したところ、日本はなんと、ワースト1だったとか。

自己肯定感の低さが、歪んだ認識となって、「意識高い系」という言葉や存在を生み出したのかもしれない。

ここまで他人事のように書いてきた私だが、実は「承認欲求」に悩んできた。私はずっと「とても自己肯定感の低い人間」だった。学校でもいじめに遭い、親からもまともに褒めてもらえない環境で育ったことに起因していると思うが、とにかくこの「自己肯定感の低さ」が、私の「生きづらさ」の原因の大半を担っていた。ずっと嫌われるのが怖かった。そして人に好かれたいとすら、考えことがなかった。人に好かれたいと思えるということは、自分の中の好かれる可能性を少なからず自覚しているということだ。人には嫌われてしまう可能性しかない、そう思ってしまうことこそが、私の何よりもの自己肯定感の低さを表していた。

歌って作って踊るというスタイルの音楽アーティストとして仕事を始めても、相変わらず私の自己肯定感は低いまま。認めてほしい、褒めてほしい。そう強く求めるのに、自分の自己肯定感の低さがそれを打ち消して、まわりを見るのが怖くなる。その連続だった。応援してくれる人の数が増えても、自己肯定感はいっこうに増えないし、承認欲求もいっこうに満たされない。肯定的な言葉は素直に受け止められないのに、否定的な言葉だけは素直に受け止められた。

そうするうちに、自分がなんのために生きているのか、何がしたいのか、何を見るべきもので見なくていいものなのかが、わからなくなった。

認められたいと思うことで、前に進める。私の承認欲求は、自分を守る盾であると同時に、自分を傷つける矛にもなっていた。

この世に自分の味方などいないし、自分の居場所なんてない。一歩外に出れば、まわりからどう思われているかが怖い。SNSでつく「いいね」の数が自分のありのままの評価で、顔も知らない人から言われる言葉が、自分のすべてをそのまま表していると感じた。

本当の自分はどこにいる？　私はなんのために生きている？

苦しくて苦しくて、仕方がなかった。

そんな私に、本当の「意識の高さ」とはどんなもので、本当に満たすべき承認欲求と、必要な自己肯定とはどんなものかを教えてくれた仏像がいる。

京都にある醍醐寺《だいごじ》の弥勒如来坐像《みろくにょらいざぞう》だ。

「弥勒」といえば、国宝第一号の広隆寺《こうりゅうじ》の弥勒菩薩や、お団子を二つ載せたような姿の中宮寺《ちゅうぐうじ》の弥勒菩薩が有名だろう。察しの良い方はお気づきかもしれないが、弥勒はほとんど「菩薩」として表される。

菩薩は「次期如来になることが約束されている仏」である。如来になるため日々修行に励んでいる仏を未来仏といい、その代表仏が「弥勒菩薩」だ。弥勒菩薩は、お釈迦さまの次に如来になることが決まっている仏なのだ。

そんな弥勒菩薩がいつ如来になるかというと、それはお釈迦さまの死からカウントを始めた56億7千万年後だという。

明確なゴール設定としっかりとした時間設定をした上で、弥勒菩薩は仏教における世界の中心、須弥山《しゅみせん》のさらに頂上「兜率天《とそつてん》」という場所で修行に励み、修行を終えた弥勒菩薩は弥勒如来となり、兜率天からこの世に降り、「竜華樹《りゅうげじゅ》」という木の下で悟りを開くと言われている。

そして3回の説法を行い、最初の説法で96億人を、二回目で94億人を、そして最後の説法で92億人を救う。合計で282億人もが救われる計算だ。

余談だが、国連が発表した世界総人口数は、2017年の時点で76億人、2030年までには86億人に突破し、2050年には98億人、2100年には112億人に達すると予想されている。平均寿命が地球規模で延び、医療の発達などにより、人口は年々増え続けていくという予想が前提ではあるが、その前提と予想でいくと、弥勒菩薩が弥勒如来になったときの世界総人口数は、本当に282億人いるかもしれない。

そういうバックボーンがあるので、弥勒の大半は修行中の姿である菩薩として仏像になることが多い。

しかし、醍醐寺の弥勒は「如来」として表されている。

つまり醍醐寺の弥勒は、長い修行時間を経て悟りに到達し、如来になった、56億7千万年後の弥勒菩薩の「やりきった」姿なのだ。

醍醐寺は、秀吉が死の半年前に1300人もの女性を招いて催した大宴会「醍醐の花見」で有名なお寺でもある。桜の下での酒宴、今の花見文化はここから始まったという。

広大な境内を持つ醍醐寺の三宝院本堂に、件の弥勒如来はいる。

像高112センチ。運慶《うんけい》と並んで有名な仏師、快慶《かいけい》の作によるものであり、快慶の初期の代表作にして傑作と言われている。

切れ長の大きな眼に、きれいな比率でアーチを描く眉。そしてアンジェリーナ・ジョリーのような厚くてセクシーな唇。表情だけをとっても、快慶の緻密さと、仏師としての意識の高さがうかがえる。

そして、玉眼《ぎょくがん》。運慶や快慶などの慶派と呼ばれる仏師集団の造形によく見られるのがこの手法だ。水晶などを細工して眼の部分にはめ込む「玉眼」は、写実的な造形が流行った鎌倉時代から盛んに使われ、まるで本当に生きているかのような瞳の仏像を生み出すことができる画期的な手法だった。

弥勒如来の衣は、きれいな左右対称で、その造形的な隙のなさが崇高なオーラを演出し、弥勒如来がまさに唯一無二の存在であることを強く印象づけているように感じる。

菩薩は王族時代のお釈迦さまがモチーフになっているので、たいていアクセサリーや宝冠など煌びやかな装飾品をつけているが、うって変わって如来は、質素な布を一枚纏った姿で表される。しかし弥勒如来は、宝冠やアクセサリーを身につけながら、質素な衣をまとっている。まさに「菩薩」と「如来」を足して2で割ったような、両方の要素が入っている姿といえよう。


私がさまざまな弥勒菩薩と向き合うなかで感じたことがある。将来が約束されているというのは、幸せなことなのか？　ということだ。

決められた将来。そこに向かうまでの道筋も縛られなければいけないかもしれないし、行かなければいけない場所があるからこそのプレッシャーだって、きっとあるのではないか？　そして当然、修行中は誰にも褒めてもらえないだろう。ならば56億7千万年もの間、修行をし続けなければならない弥勒菩薩のモチベーションはいったいなんだろう？

私は仕事において、自分の目標以上の結果が残せても、満足することができなかった。だから当然、モチベーションも上がらない。でも結果は求める。

そして結果が出ても満足はしない。だって、満足してしまったら、自分で自分のことを認めてしまったら、自分の歩みは止まってしまうかもしれない。傲慢な姿になってしまうかもしれない。そう思っていた。

醍醐寺の弥勒菩薩の目指してきたゴールは、「56億7千万年後に、人々を救うこと」。それはそう思われているだろうし、私自身そう感じてきた。

しかし、本当に弥勒菩薩のゴール設定は「56億7千万年後に、人々を救うこと」だったのだろうか？

もしそんなゴール設定であれば、その過程で、誰かから崇拝されたり、認めてもらったり、褒めてもらったりすることを欲してしまいたくなるのではないだろうか？

もちろん仏にそんな俗っぽい視点はない、と一蹴されてしまうだろう。それでもやはり思わずにはいられなかった。

そして同時にこうも思った。もしかしたら「56億7千万年後に、人々を救うこと」は結果として付随するものであり、弥勒菩薩が目指していたゴールは別のものではないのだろうか？　と。

私はずっと、認められることがゴールだった。自分以外の誰かに評価されることを目標にしていた。

だけど、人の数だけ評価の形もある。好き嫌いもある。この世の全員から高評価を得るのは無理だ。

「承認欲求」を仏教的に言うなら、「煩悩」になるだろう。「欲」に「苦しみ」が付随されているものが「煩悩」で、純粋な「欲」だけならば「煩悩」にはなり得ないのではないか。

手に入れるために頑張れるのが「欲」で、手に入れないと頑張れないものが「煩悩」だ。苦しみに派生しない欲ならば、糧（モチベーション）になるので、持っておくべきだと思う。

だけど私の場合、この世の全員からの高評価という得られないものがわかっているものを求め続けてきた。だから絶対的に苦しい。だから私のはモチベーションになり得ない、ただの「煩悩」だったのだ。

しかし、弥勒菩薩はどうだろうか？

認められたい、は言い換えると「認められなければならない」ということになる。そしてその自分を認める対象は、自分以外の誰か、他者ということになる。

だけれど実際は、この世のすべての人に同じように認めてもらうことは不可能だ。みんながそれぞれの価値観を持っているし、好き嫌いも人の数だけあるだろう。そんな不確かで、いくらでも揺らぎようのあるものを基準にすること自体、無理なのだ。ということはつまり、自分で自分を承認するしかない。

それは言い換えると、自分で自分のことも認めることができない者に、誰がその者を認められるだろう、ということにもなり得るのではないだろうか。そしてそのためには、どこにモチベーションを置くのかがとても重要になってくるだろう。

そのヒントは、真っすぐ前に注がれる、醍醐寺の弥勒如来の目線に隠されていた。

醍醐寺の弥勒如来を通して、私は一つの答えにたどり着いた。

弥勒如来の目線は、一見遠くを見つめているようにも見えるが、実はすぐ「目の前」を見ているのではないか？

そして、弥勒菩薩のゴール設定は、「56億7千万年後に、人々を救うこと」ではなく、実のところもっとシンプルな「目の前にあることを、ただひたすら頑張る」ということだったのではないか？

それであれば、他者からの評価に振り回される必要もないし、そもそも「誰かから承認される必要」すら感じなくてもいい。

まさに、認められなければならないという煩悩（苦しみ）から解放された姿と言ってもいいのではないだろうか。

自分にしかできないことを実現するために、自分はそれをするに値すると自分自身を承認する。自分自身を承認することで、承認欲求が満たされ、その充実感こそがモチベーションになり得るだろう。

そして、それを行うために絶対的に必要な条件こそが、「目の前にあることを、ただひたすら頑張る」なのだろう。

もちろん、ありのまま認められたい、では到底たどり着けない境地だ。土から引っこ抜いた野菜をそのまま食べられないのと同じで、食べるためには、素材の味を引き出すための調理（努力）をしなくてはならない。

自分がどれだけ頑張ったのか、そして手を抜いたのかもすべて、自分は知っている。だからある意味で、自分が一番の審判だとも言えるのだ。

本当の承認欲求を得るためには、認められたいという欲「すら」捨てて努力をしなければならないのだろう。

弥勒菩薩も、最初から全人類を救おうなんて思っていなかったかもしれない。ただ全力で、目の前の人を一人、また一人と救っていたら、いつの間にか全人類を救っていたということなのだろう。

自己実現欲求に本当の意味で辿りついている人は、全体の2%しかいないと言われている。そしてその状態は、見返りもエゴもなく、自我を忘れてただ目的のみに没頭している状態で、フロー状態というのだとか。つまり、苦しみからも自我からも抜け出した「悟り」状態とも言える。

仏のなかで、悟りに到達した存在を「如来」というが、言うなれば、弥勒如来はまさにフロー状態だ。

成し遂げた弥勒如来の崇高さには、厳しさが内包されている。

過程を大切にした結果こそが、目指したい「結果」を生む。

自分のことすら認められない人間が、いったい誰に認めてもらおうというんだ。

弥勒如来の半分開いた眼が、私にそう語りかけてくるのだった。

醍醐寺 》

弥勒如来坐像《みろくにょらいざぞう》

豆知識

醍醐寺の「醍醐」は、仏教の『涅槃経《ねはんぎょう》』という経典において、乳《にゅう》→酪《らく》→生酥《しょうそ》→熟酥《じゅくそ》→醍醐と精製され一番美味しいものとして登場する。『涅槃経』も同じように最高で最上の教えである例えとして用いられた。すでに製法は失われているが、牛や羊の乳を精製した濃くて甘い飲み物。

醍醐寺

住所 —— 京都市伏見区醍醐東大路町22
電話 —— 075-571-0002
H.P. —— daigoji.or.jp

仏像プチコラム
#5

菩薩とは？

日本でもファンの多い、「観音さま」が属する菩薩は、如来を目指して修行中の「未来の如来」、つまり「次期如来」といえる。だが、ただ修行しているだけではなく、修行をしながら人々を救うために日々、奔走もしてくれている。

菩薩の正式名称は「菩提薩埵《ぼだいさった》」。サンスクリット語の「ボーディサットヴァ」を音写した言葉で「悟りを求める者」という意味がある。

仏像としての菩薩は、お釈迦さまが悟りを開く前の姿がモチーフになっているので、とても煌びやかな見た目をしている。というのも、お釈迦さまは出家する前、インドの王子様だった。

菩薩のグループは、いわゆる「美仏」が一番多いと私は思っているのだが、その美しさの理由はやはり、「誰かの力になりたい」と人の幸せのために尽力しているからだろう。

人々の願いや苦しみは、さまざま。多種多様な悩みの数だけ菩薩の種類は存在すると言われている。なので、菩薩はほかのグループに比べると比較的数が多いのも特徴である。

菩薩が成立した時期は、紀元前3世紀ごろ、古代インドを統一したアショーカ王の時代だと言われている。菩薩が生まれたきっかけも、これまたお釈迦さまの死によるものだった。

お釈迦さまの死後、「お釈迦さまをブッダ（悟りに到達したもの）たらしめる理由はいったいなんだったのか?」と残された者たちは考えた。

そしてお釈迦さまが人生をかけて到達したこの世の法則、「教え（法）」こそがお釈迦さまをブッダたらしめていたものだという一つの答えに到達した。

「教え自体は不変で永遠だ。だったらお釈迦さまの前にも、ブッダになった存在（仏）がいるはずだ!」と考えられるようになり、「過去仏」というものが存在するようになる。そして必然的に、過去があれば未来もある、ということで「未来仏=弥勒菩薩」が誕生した。

これこそが、菩薩の始まりで、その後、日本や中国に仏教が伝わり、民間信仰など人々の生活に応じた形で、菩薩は変遷を経てきたという。

日本で観音信仰が盛んになったのは、観音の在り方が日本人の精神性にあっていたからだと私は思っている。

さまざまな菩薩がいるが、なかでも観音菩薩は33の姿に変身して、私たちの悩みや苦しみを取り去るべく奔走してくれているという。女性には女性の姿で、子どもには子どもの姿で、というように、その人にとって一番受け入れやすい姿で、寄り添ってくれるらしい。自分も修行しながら上を目指し、自分のあとに続く人たちにもしっかり手を伸ばし、貸すこともできる。それが菩薩の在り方であり、生き方。

仏だけど、一番私たちに近い形で、ともに上を目指せる。そんな在り方が、日本人の精神性にすごく合っていたのではないか。だからこそ、菩薩、なかでも観音菩薩が、他国で例を見ないほど日本で支持されたのだろう。

母親だって、間違えていい。

みんな必ず誰かの子ども

園城寺（三井寺）訶梨帝母倚像

仕事に向かっていたある日、慌ただしくホームに降りると、親子が目に止まった。

小学校低学年の女の子がオシャレをして、お母さんと手をつないでいる。女の子の手が、うれしそうに揺れている。

私の年齢からすると、女の子よりもお母さんのほうが絶対に年が近いはずなのに、その女の子のことを見て「いいなあ」と思ってしまった。

それは私にも「お母さん」がいるからだと思う。もちろん子どもがいないからということもあるだろうけど。

仲の良かった友だちは、おおよそ「お母さん」になっている。あんなに彼氏と別れたと言って泣いていた子も、恋ってどんなものかよくわからないと言っていたあの子も、みんな「お母さん」になった。

子どもの頃の私は、「お母さん」は生まれたときから「お母さん」なのだと本気で思っていた。あんなに怒って怒鳴っていたのに、誰かから電話がかかってくるとコロッと、声が高くなる不思議な生き物。お母さんに私と同じ子どものときがあったなんて、どんなにアルバムを見せられても信じられなかった。

女性はいつ「お母さん」に進化するのだろう？

心のどこかでずっと思っていた。

高校時代の友だちが子どもを産んでしばらく経ち、久々に遊んだときのことだ。彼女は、子育てをしながら資格をとって、バリバリ働く忙しい毎日を送っていた。

思ったことが素直に口に出た。「すごいね。えらいね」と。

すると彼女は、「まあ、今の時代どうなるかわからんからね。最悪、一人でも子どもを育てられるようにしとかんと」と言った。

そう話す顔は、まるで私の知っている彼女の顔じゃないみたいで、寂しくもあったが、正直シビれた。かっこいい。お母さんって、かっこいいわ。

だけれど同時に、そう思いすぎることは時にリスキーだとも思った。

別の友だちが言っていた。「若いのに、お母さんやっててえらいねって言われると、すごく複雑な気持ちになる。別に若いからって、何かを犠牲にして子どもを産んだわけじゃない。自分がそうしたいからしたかっただけなのに。しかも、自分の子育てが正解かもわからないのに、えらいって言われても」と。

私たちはどうしても「お母さん」を神格化してしまう。そしてそれが「お母さん」を苦しめてしまうのだということになかなか気づけない。彼女たちだって、同じ人間なのに。

仏のなかにも、「お母さん」がいる。鬼子母神《きしもじん》、またの名を訶梨帝母《かりていも》。

鬼子母神といえば、雑司ヶ谷の鬼子母神が有名だが、ここで紹介するのは滋賀にある園城寺《おんじょうじ》（三井寺《みいでら》）の訶梨帝母倚像《いぞう》だ。

像高43・9センチ。右手にザクロを持ち、左足を右足の上に乗せるように半跏《はんか》し、その左手には幼子を抱いている、まさに「お母さん」の姿だ。

鎌倉時代の作で、鮮やかな彩色もきれいに残っている。少しオーバーサイズの衣がダボっとしている表現も素晴らしく、その様は安心感を与えてくれる。ふっくらというよりは、ぽっちゃりと言っていいほどの柔らかい体のフォルムと、ぷよっとしていそうな顔の輪郭が、「肝っ玉母ちゃん」ぽい母性も感じさせてくれる。

醍醐寺《だいごじ》の弥勒如来《みろくにょらい》同様、玉眼《ぎょくがん》という手法が使われているのだが、この訶梨帝母の眼は、弥勒如来の玉眼とはまた違った印象だ。母という世界観を語る上で欠かせないピース。訶梨帝母の優しい眼差しが、玉眼という手法によって、より母性に溢れたものに感じられる。

仏像の目線は、どこを見ているかわからないというものだったり、どの角度から見ても目が合うように作られていることが多い。それはつまり、仏の眼差しはすべての命、衆生に向けられているということの表れだ。

しかし、園城寺（三井寺）の訶梨帝母の目線は、左手に抱いている幼子に向けられているように感じる。一心に子を見つめるその眼差しは、もちろん母の愛の表れだとも思うのだが、そこに込められているのは母の愛だけではないような気がする。なんというか、子を見つめる眼差しに「戒め」のようなものを感じるのだ。

そのヒントは、訶梨帝母が右手に持っている「ザクロ」にある。

もともと訶梨帝母は、鬼神王・般闍迦《はんじゃか》の妻であり鬼女だったと言われている。さらには500人の子どもがいて、その子どもたちに栄養をつけるため、人間の子をさらって食べていた。ホラー映画も真っ青なこの状況に、当然人間たちも訶梨帝母を恐れた。

そのありさまを見かねたお釈迦さまは、訶梨帝母がもっとも愛していた末の子どもを隠してしまう。訶梨帝母は半狂乱となって、7日間世界中をくまなく探し回った。しかし結局子どもは見つからず、訶梨帝母はとうとうお釈迦さまに助けを求める。

自分に泣きついてきた訶梨帝母に向かって、お釈迦さまはこう言った。

「500人も子どもがいるのに、そのなかのたった一人を失っただけで、お前はそんなに嘆き悲しむのか。ならば、たった一人しかいない子どもを失った親はどれだけ悲しかったか、わかるか？」

その言葉に、訶梨帝母はハッと我に返り、自分がしてきたことの残酷さと愚かさに気づく。そして、今までの自分を省みると同時に、すべての子どもたちと、お釈迦さまの教えを守ることを誓い、改心し、末の子どもと再会を果たしたという。

そして、訶梨帝母が手にザクロを持っているのは、お釈迦さまから「もし人肉を食べたくなったらザクロを食べよ」と言われたからだとか。また、一説にはザクロが人肉の味がするからだとも言われている。

ザクロと幼児をそれぞれの手に抱えている訶梨帝母。自分の過ちの象徴であるザクロと、その過ちの結果たどり着いた本当の母としての姿の象徴である幼児。

私は思った。「いいお母さん」とはいったい、どんな存在のことを言うのだろうと。

時代がどんなに変わっても、母に対するイメージと、求められるハードルの高さは変わらないように思う。子どもを預けてライブに行ったとSNSに投稿するだけで「子どもがかわいそう」と責められ、母乳で育てないと愛情不足になるとか、抱っこばかりしてると抱き癖がつくとか、それぞれの思う「理想のお母さん像」をほかのお母さんに求めるのは、本当にいつの時代も変わらない。

だけど、私は思う。完璧で誰に見せても褒めてもらえるような、そんな「みんなに向けられたお母さん」は、その子にとってのいいお母さんじゃないと。

私の初著で、母と私の関係にも触れているのだが、私が不登校を乗り越えるまでの母の姿は、よくメディアでは「毒親」だと評された。

母の口癖は「私のいうことを聞いていれば間違いない」だった。母なりに、女手一つで私を育てることに、悩み苦しんだこともちろんあるだろう。そのベクトルが違っていたのだと思うが、母は途中で自分の間違いに気づき、親子としての再構築を望んだ。再構築の過程で、母は本当に180度変わった。あんなに人って変われるんだということを、私は母に教えてもらった。

そして同時に思った。やっぱりお母さんってすごいな、と。

子どものために間違いを認め、自分が大切にしてきたこだわりやプライドさえも捨てて、「あなたさえ生きてくれたらそれでいい」と本気で言える存在なんだ。何よりも、私のために変わってくれたことに母としての愛情をもっとも感じた。

いつかの母が、私に言った。「あなたが私を母親にしてくれた」と。そのとき、はたと気づいた。生まれながらにして「お母さん」なんて、本当にあり得なかったんだ。成人式を迎えても急に大人になれないように、大人になったという自覚を持って過ごす日々が私たちを少しずつ大人にしてくれたように、お母さんも少しずつ「お母さん」になっていくのだ、と。

子どものために悩んで苦しんでいるお母さんは、その時点で、それだけで、その子にとっていいお母さんだと私は思う。悩んで苦しめ、というつもりはないが、少なくともそれだけ真剣に向き合っている証拠だと思うのだ。もちろんその方向性が、昔の私の母のように思い通りに支配したいとか、自分の見栄のためとか、エゴに基づいたものであってはいけないが。

訶梨帝母も私の母も、自分の過ちや間違いを認め、悔い、もう一度自分のしてきたことと向き合った。それは、自分の子どもを失いかけて、初めて母としての覚悟を問われた瞬間とも言える。その過程で、幾度となく絶望も味わっただろうし、さまざまな葛藤もあっただろう。でも、きっとそれは、本当のお母さんになるために必要な過程だったのではないかと思う。

だから、お母さんは本当にすごい。

結婚も出産もしていない私なんかに言われても説得力もないと思うけれど、本当に「お母さん」という存在は、私にとって永遠に手が届かない憧れの存在なのだ。

時代の変遷により、女としての生き方だけでなく、母としての生き方も多様化しているだろう。だけど、母としての本質はきっと変わらないのだろうと思う。

もしあなたが、お母さんとして生きることに疲れたら、お母さんとしてのあり方に悩んだら、この訶梨帝母に会いに行ってほしい。きっとあなたの気持ちをわかってくれるはずだ。

園城寺（三井寺）》 訶梨帝母倚像《かりていもいぞう》

豆知識

改心してからは、安産や子どもを守護する天女としての存在に。鬼子母神（訶梨帝母）には、盗難除け、子授け、安産子育てのご利益があると言われている。

長等山園城寺
三井寺

- 住所 —— 滋賀県大津市園城寺町246
- 電話 —— 077-522-2238
- H.P. —— shiga-miidera.or.jp

アンチエイジングという通過儀礼

若くないといけないの？

秋篠寺 伎芸天

お肌の曲がり角は、急にやってくるというのは、嘘じゃなかった。えぐい角度で、急激に曲がり始める。

私が30歳の誕生日に、自分へのプレゼントとして買ったものは「美顔スチーマー」だった。美顔ローラーで顔をコロコロして、顔筋を鍛える器具のようなものでほうれい線を薄くするための体操をし、美顔スチーマーにむせながら、終わった後にはしっかりパックもしている。そんな自分の姿が、なんとも言えず虚しくなる瞬間がある。

アンチエイジングを意識するようになってる時点で、もう年じゃんって、めっちゃヘコむのだ。

前に仕事で一緒になった10代のアイドルの子たちに、「肌きれい！」と褒めてもらってうれしくなったが、その後「私も同じ基礎化粧品使おうかな！」とか言い出したときは、「嫌味か、この野郎」なんてつい思ってしまった。

「私が使ってるのは、まだあと20年早いよ！」……言いかけてやめた。

それでも「アンチエイジングも仕事のうちだし」とか言い訳しながら、なんとか抗っているわけだが……「えー30歳に見えない！　若く見えるんだから年言わないほうがいいよー！」とか言われると、なんとも複雑な気持ちにもなる。

そもそもアンチエイジングという言葉は、「美」に対するものとして定着しつつあるが、本来は「医学」や「健康」の側面から生まれた言葉だ。だが、それが本来の意味とは違った形で歩き出したのも、私たち女性が足並みを揃えて「美」を求めたい、いつまでも「若くいたい」と思ったからだろう。

その一方で、老いを受け入れてありのまま生きようという、白髪染めをあえてしない「グレーヘア」も流行りつつある。なんというか、老いに対するアクションはいつも両極端な印象である……。老いとは、抗うか、受け入れるか、振り切ることでしか語れないものなのかもしれない。

だけど、アラサーなんてやっと老いのなんたるかが、わかり始めてきたぐらい。老いに対する意識は、まだまだひよっこだ。

だからこそ諦めるのはまだ早い、とも思うし、老いの足音が聞こえてきて心が折れそうになることもある。

自分が成熟した部分と未成熟な部分を抱えている存在なんだって、中途半端に曲がりかけたお肌を見るたびに思い知るのだ。

加齢による魅力と、加齢によって失われていく魅力は果たして同じ数だけあるのだろうか？　そして、老いにはいったいいつまで抗うべきなのだろうか？

そんな私にアンチエイジングの「ちょうどいいところ」を教えてくれた姉さんがいる。奈良・秋篠寺《あきしのでら》にいらっしゃる伎芸天《ぎげいてん》だ。

伎芸天は、芸能を司る女神といわれている。インドのヒンドゥー教の最高神であるシヴァ神が天女たちに囲まれて歌や舞を楽しんでいたところ、突然髪の生え際から生まれたのがこの伎芸天だという。日本神話でも体の一部から神が生まれた話があったが、インドの神も世界観においては、やはり人知を超えている。

伎芸天は、この秋篠寺以外に一体も存在しないらしい。頭部だけは創建当初の天平時代のものとされているが、体は鎌倉時代のものであると言われている。時代に大きな開きがあるにもかかわらず、最初からこの状態だったと言われても疑わないほど、見事に頭部も体も違和感なく、一つの存在として成立している。

経典などによると、伎芸天のその姿はとても美しく、宝石を身に飾って、手には天の華を持っているとされている。しかし、もとの体が失われた秋篠寺の伎芸天がその通りの姿をしていたのかは、今となっては謎のままだ。

そして伎芸天のさらに謎な部分、それは「手」だ。人差し指と小指を立てる独特の形をした印相《いんそう》だが、これはほかで例を見ない上に、どんな意味があるのかも不明とされている。まさに、謎多き女神。しかしこの独特の印相は、まるでこちらに手招きをしている途中の手の形のようにも感じる。優しく語りかけるような手の形が、伎芸天の麗しさを表現しているといっても過言ではないだろう。

像高は2メートルを超え、見下ろされるような形になるが、不思議と威圧感は感じない。そして、伎芸天の最大の魅力といえば、個人的には腰のラインだ。正面から見て左側に、くっと入った腰。ダンスの先生が言っていた。「セクシーに見せたいときは腰を入れるのよ！」と。そして首は、腰の方向と反対側に傾げられている。

そのさまは、洗練された隙のない美しさとも言えるし、母性のような美しさとも言える。そうかと思えば、女神らしい神秘的なものも感じるし、女としての現実的な部分も感じる。真逆に位置するそれぞれの魅力が、引き合うことでバランスが取れているような、そんな不思議な魅力が伎芸天にはある。

少し開かれた唇は、歌を口ずさんでいるからとも言われる。大きな口を開けてしっかり歌う姿とは違う魅力が、口ずさむ姿にはある。よくCMで女優さんが、何気ない日常のなかで歌を口ずさむみたいなシーンがあるが、それを見るたびに「きれいな人が歌を口ずさむ姿って、なんか、もはや芸術だな……！」と思っていた。伎芸天の少し開かれた唇を見たときの衝撃は、きっとあれに近いのだろうと思う。

その姿は、色気もあるし、清純な感じもする。例えるなら、吉永小百合さんのような、いくつになっても不思議な魅力を持っている女性という感じだろうか。

伎芸天は吉祥天《きちじょうてん》や弁財天《べんざいてん》と並んで、女性的な仏像とも言えるが、個人的には一番「年齢不詳感」のある仏像だと思う。

そもそも仏なので年齢などを超越した存在ではあるが、浄瑠璃寺の吉祥天のように少女のような姿で、という指定のもと表されたりしているので、仏のなかにもそれなりに年齢を反映した見た目というのはあるのだろう。しかし秋篠寺の伎芸天は、酸いも甘いも知っている大人の女性のようにも感じるし、まだまだ無邪気な少女のような印象も受ける。だからこそ、伎芸天の魅力は「独特」なのだ。

真逆に位置するものが、引き合うことで生まれるバランス。技芸天を見るうちに、私のなかにも「真逆に位置するもの」があることに気づいた。それはやはり「まだまだ若い部分」と「そこそこ年齢を重ねてきた部分」だ。

私の場合、それに足を引っ張られているからこそ、身動きが取れない。だけど伎芸天はどうだろうか。その真逆に位置するものの手綱を上手く握っている気がするのだ。

年齢不詳と形容される女性って、人間的にもとても魅力的だったりする。しっかりしている部分もあれば、ちょっと抜けてる部分もあったりなんかして、そこがなんとも言えない女性的なかわいさになっていている人もいる。一般的な価値観の枠に収まっていないからこそ生まれる余裕だったり、魅力だったりがある。それがファッションやメイクにも表れたりしていて、自分の世界観をちゃんと持っているし、でも柔軟さも忘れなかったり。

そしてそんな女性は、何より年を重ねることを楽しんでいる人が多いということだ。

若いうちは、若い生き方しか知らないからできないけど、年を重ねるよろこびを知った人は、重ねる生き方もできる。極端なものを知っているからこそ、間を行くこともできるのだ。仏教は、まさにその「間」を行くことを推奨している。


お釈迦さまが死にかけるような厳しい修行をやめたのは、まさに「間」を行くことの尊さに気づいたからだった。自堕落な生活と厳しい修行生活。あまりに両極端過ぎること、そしてそのどちらかに偏ることで、気づけることも気づけなくなる。それでは、本当の幸せや心の豊かさにはたどり着けない。だから、むずかしいけれど「間」を行くのが一番オススメだよ、という考え方。それを「中道」という。

美味しいパンケーキも食べ過ぎると、「美味しい」よりも、「食べ過ぎて苦しい」が先に来てしまう。美味しかったね、と言える程度の量を食べることが、本当に美味しいパンケーキを食べたということになるのだ。

アンチエイジングに必死になることで、憂鬱になって、私の顔がさらにブスになるなら、やめてしまおう。だけど、やめてしまって不安になって、自分らしく生きられなくなるのならアンチエイジングをやめることもやめよう。真逆に位置する感情を、受け止めてあげるところから「間」の生き方が始まると言える。

年齢という枠に囚われていない人は、年を重ねる楽しさも知っているし、年に抗う楽しさも知っているのだろう。

年をとることで失っていくと思っていたものは、新たな魅力を得るためのパスポートだったのだ。ポケモンが進化しないと、覚えられない技があるように、私たち女性にも、年をとらないと得られない魅力もあるのだ。でもポケモンと同じように、昔覚えた技は消さない限りいつまでも使える。

「まだまだ若い部分」と「そこそこ年齢を重ねてきた部分」は、どちらも大切な私の一部だ。両極にあるからこそ、バランスよく成立する魅力。そしてそれを体現し続けている伎芸天姉さんのように、私も楽しめる程度のアンチエイジングにいそしみたいと思う。

秋篠寺 》

伎芸天《ぎげいてん》

豆知識

音楽・舞踏・学術・文芸などを司るギリシャ神話の女神のことを「ミューズ」というが、技芸ナンバーワンと言われている秋篠寺の伎芸天は「東洋のミューズ」とも謳われている。技芸修達、福徳円満のご利益があるとされている。

秋篠寺

住所 —— 奈良市秋篠町757
電話 —— 0742-45-4600

仏像プチコラム

#6

明王とは？

すごい形相で、しかも剣やら縄やら持っていて、とにかくなんか怖い！ というイメージを多く持たれてしまっている「明王《みょうおう》」。だけど私は、ある意味仏像グループのなかで、一番優しい仏は明王ではないかと思っている。

今、日本で使われている「明王」という言葉は、中国の漢語だが、明王が生まれたのはもちろんインドである。インドの公用語サンスクリット語で、明王は「ヴィドャー・ラージャ」。「ヴィドャー」は「聖なる呪文」、「ラージャ」は「王者」という意味なので、「ヴィドャー・ラージャ」は「言葉の呪力を持つ者たちの王」ということになる。

それが中国に渡り、「ヴィドャー」は知識や知恵を表す「明」という言葉に翻訳され、「ラージャ（＝王）」とくっつけて初めて「明王」という言葉が使われることになった。

明王の起源は諸説あるが、明王は、基本的に「密教」という教え、または考え方でのみ登場する仏とされる。

日本でもっとも有名な明王といえば「不動明王」だろう。不動明王は、大日如来《だいにちにょらい》（密教での最高仏）の化身であると言われているが、経典の中に「不動如来使、不動使者」とあり、もともとは不動明王は「如来の使者」という役割にすぎなかった。しかし日本では「大日如来の化身」という存在になる。実は、そのきっかけを作ったのは、不動明王を初めて日本に招いたあの空海(弘法大師)。

空海が生きた平安時代は国が荒れていたので、仏教が国を安泰にする役割を大きく担っていた。空海は、膨大な密教経典や不動明王を本尊とする護摩《ごま》焚《た》きのやり方などを中国から持ち帰り、その最新の技術と思想が詰め込まれた密教は爆発的な人気を生んだ。こうして一躍、不動明王は鎮護国家のヒーローとして躍り出たのだ。

ちなみに、空海がプロデュースした東寺の立体曼荼羅《まんだら》に属する不動明王は、日本で初めてにして最古の不動明王である。

では、明王はなんのために存在し、なんのために怖い顔をしているのだろうか。

明王は、優しく言ってもわからない人たちのために怒ってくれているのだ。いわば、愛のムチ担当。

明王を見るたび、私が子どものとき、普段は優しいけれど怒ったらとても怖かった先生のことを思い出す。子どもでも、理不尽なことで怒られているか、愛を持って叱られているかの区別はわかるもの。子ども心に、この先生は私のためにこんなに怒ってくれている、だから先生のことが好きだし、信用できると思っていた。だからこそ、怒られるとめちゃくちゃ凹んだのだけど。

自ら嫌われ役になってまで、叱ってくれる。

明王さんの前に行くと、あの日叱られた子どもの頃に戻ったような気がして、いつもなんだかむず痒くなってしまうのだった。

空気を読むことに疲れた。

それは、吸って吐くものです

臼杵石仏（磨崖仏）

息を大きく吸っても上手く入っていかない。ちょっとしか吸えていないのに、パンパンに膨らんだ風船が軋むみたいな音が体から聞こえてくる。いつから私はこんなに息を吸って吐くことが下手になってしまったのだろう。

生きづらさを「息苦しい」といったりもするが、あれはあながち間違っていない。生きづらさが、私たちのリアルな呼吸をこんなにも下手くそにしてしまったのだ。

そんなリアルな呼吸を苦しめる正体こそが、まさに「空気」にあったと、最近気づいた。私は極度に、「空気を読もう」としすぎる傾向があったのだ。

幼少期から大人の間に入って、上手く立ち回らないといけないことが日常になっていたので、きっとそういう「癖」がついてしまったのだろうと思うけれど、空気ばかり読もうとする自分がちいさくて、情けなくて、正直、ダサい。

最近アラサー女子に刺さりまくりとドラマ化までされた某漫画にも書いてあった。「空気は読むものじゃない。吸って吐くものだ」と。当然私にも、グサグサ刺さってしまった。そうだそうだ！　そもそも空気は長らく、吸って吐くものだったんだ。それが、いつから「読むもの」になってしまったんだ！

「息苦しさ」を感じるとき、それは「生きづらさ」を感じたとき。同じ「空気」でも、吸う場所が変われば、感じ方も変わる。

私がどうしても「息苦しさ」を感じたとき、会いたい、いや帰りたいと思う仏像がいる。我が故郷、大分が誇る臼杵石仏《うすきせきぶつ》だ。

石仏は、別名「磨崖仏《まがいぶつ》」とも呼ばれており、岩壁に彫られた仏のことを指す。正真正銘、崖に彫っているので、一般的な仏像とは違い、当然動かすことができない。つまり、会いにいかない限り会えない仏像が磨崖仏なのだ。

インドで発祥し、そこから中国に伝わり、日本には奈良時代に伝わったと言われている。そして、そんなに数が多くない磨崖仏の6～7割が、大分に存在している。

磨崖仏で初めて、そして九州で彫刻として初めて国宝に認定されたのが、「臼杵石仏」だ。温泉ももちろん素晴らしいが、個人的にはこれが「私の故郷自慢ポイントNO.1」である。「おんせん県」よりも「せきぶつ県」にすればよかったのに、と密かに思っているのはここだけの話だ。

臼杵石仏といっても一体ではなく、60余体あり、そのうちの61体は国宝になっている。石仏群として4群に別れ、その様子を表現するならまさに「仏の集落」と言えるだろう。そして、いわゆる臼杵石仏といえばこの方！　というのが、古園《ふるぞの》石仏というグループの中央にいらっしゃる大日如来《だいにちにょらい》だ。

臼杵石仏の大日如来といえば、よく「あの首だけの？」と言われるが、それは過去の話。

磨崖仏は、野ざらしの状態なので当然、風化のスピードが早い。もともとはつながっていた首が、時間が経つにつれて取れてしまい、1993年の補修が完了するまでは大日如来の首は体の下の台座に置かれていたのだ。

あまりにその「仏頭」としてのイメージが定着していたこともあり、修復して頭をくっつけるかについては、賛否両論あったという。しかし、元の位置への修復が国宝指定の条件だったため、今の頭と体がくっついた形に落ち着いた。

大日如来といえば、密教というジャンルにおける最高仏で、よく「宇宙そのもの」や「宇宙の真理そのものを表した姿」なんて言われたりもしている。

大日とは「大いなる日輪」という意味だが「大日如来＝太陽」ではなく、実際は太陽よりも大日如来の光の方が優れていると考えられている。太陽の光を上回る光で人々を救う、それが大日如来なのだ。

そんなスペシャルな存在だからか、如来で唯一質素な格好をしておらず、まさに「宇宙」を彷彿とさせるスケールの大きさが、その身に表されていることが多い。しかし、臼杵石仏の大日如来は、率直に言うなれば「素朴」だ。

単純に、自然の中に身を置き、かつ「石」が素材だからだと思うかもしれないが、それはあくまで要素にすぎない。その素朴さには、「飾らなさ」を感じる。それは要素というより、性質的な観点から感じるものだ。

臼杵石仏の大日如来は、センターにいるだけあって、圧倒的な存在感をその空間で放っている。横に並んでいる仏像たちよりも、サイズもひと回り大きい。生まれたての赤ん坊のように、ぷくぷくとした頬に、小さな唇。そして鼻筋からすっと伸びる眉毛がなんとも凛々しい。印相も、智拳印《ちけんいん》という大日如来独特の形をしているし、完全な形ではないが宝冠も被っている。

ほかの大日如来と同じ条件は満たしているにもかかわらず、臼杵石仏の大日如来には「飾らなさ」が一つの大きなアイデンティティーとして存在しているように感じる。もっと細かく言うならば、「空気」を読まずして、他者に寄り添っている感があるのだ。

だからこそ、向き合うとこちら側の力も抜けて、癒されてしまう。なんというか、もうどうしようもなく疲れきって家に帰ってきたとき、何も聞かれず、何も言わずにそっと温かいご飯を目の前に出してもらっているような、そんな感覚。

なぜ、臼杵石仏の大日如来の「飾らない」姿で、こんなに息苦しさから解放されるのだろう。

飾らないという言葉を言い換えると「自然体」という言葉になると思う。構えずに、そして先入観を持たずに向き合うことのできる姿勢のことだ。

だけどそれは決して、無神経やデリカシーのなさが結びつくものではない。むしろ、相手の心を解放して自由にしてあげるような「器の大きさ」みたいなものを感じる。空気を読んでいる感を出さずして、相手に「共感」「同調」し、安心感を与えてくれる。


臼杵石仏の大日如来の前で、大きく息を吸い込んでみる。心地よい風とともに、緑の匂いが体全体に広がっていく。人間として生きていることを取り戻していく感覚。そして、目の前の大日如来も同じ「空気」を吸っている。それだけで、なんかうれしい。

そこで気づいた。空気は読むものじゃなくて、「共有」するものだった、と。空気を通して、私たちは昔から「心」を共有してきたんだ。

私は、今まで空気を読むことがなんのためになるのか、きちんと考えたことがなかった。でも実のところ、自分が嫌われたくなかっただけ、和を乱す非常識な奴と思われたくなかっただけなのだ。他者も、自分も全然重んじてなかった。ただただ、身勝手なエゴだけでひたすら馬鹿みたいに、息苦しくなるまで、空気を読んでたんだ。

本当の空気を読むってのは、こうやって同じ空気を共有することで「寄り添い合うこと」なんだ。

「わかる〜」とか「だよね〜」という言葉は、〝足並みを揃えてます感〟を出すための言葉じゃなくて、本来は、相手に寄り添うための言葉だったのに。

千年の時の間、その飾らない姿で人に寄り添い続けた臼杵石仏。自然のなかで、飾らない姿の仏と共に吸って吐く空気が、私にとって世界一美味しい空気だ。

大きく息を吸いこんで、思い切り吐いてみる。私のなかでモヤモヤしていた空気が、外の空気と混ざっていく。

なんだか少し、スッキリした気分。スッキリついでに、目の前の大日如来に言ってみた。

「生きるのって本当、大変ですよね」

緑の匂いがする風がサーっと吹いてきた。

「だよね。わかる」

臼杵石仏の大日如来がそう、言っている気がした。

うすきせきぶつ（まがいぶつ）

臼杵石仏（磨崖仏）

豆知識

臼杵石仏は、新たに「首がつながった」ということで「首がつながる」「リストラされない」というご利益がある、という噂があるらしい。

住所 —— 臼杵市大字深田804-1
電話 —— 0972-65-3300（臼杵石仏事務所）
H.P. —— sekibutsu.com

本当の絆ってなんだろう

女の友情は儚いのか否か

宝台院 阿弥陀如来立像

女の友情、ハムより薄い。これまた、とあるドラマで出てきたセリフだが、私は正直、湯葉ぐらい薄いと思っている。

あんなに毎日のように、しょうもない話をして、箸が落ちてはゲラゲラ笑いあって、生産性のない恋バナをたくさんしたのに、就職、結婚、出産を機に疎遠になるのは、女の友情が儚いと思うタイミング、NO.1だ。

女性は常に「同調」がないと生きていけない生き物だと思う。女性がよく、何を見ても「かわいい〜」と言っているのを、男性は不思議がっているが、あの言葉には女性同士の暗黙のルールが隠されていると私は思っている。

あの「かわいい」は本来の「かわいい」という意味ではなく、「同調しましょう」ポイントなのだ。だから女性が「かわいい〜」と言ったら「本当だ！　かわいい！」というのが、女の友情を長続きさせるための条件になってくる。同じ学校、同じクラス、同じ学部、同じアイドルグループが好き、同じ色が好き、同じ食べ物が好きetc…

女性は「同じ」に安心して、よろこびを感じる生き物だ。だからこそ、ご飯を一緒に食べれば「ひと口食べる？」と言い合うし、「双子コーデ」なるものが女性の間で流行るのだろう。それに女性は、わりとなんでもシェアしたい生き物であるし、シェアすることで生まれる絆があると思ってもいるのだろう。

もっともらしい理由を言えば、太古の昔、女性は狩りに出ず、家を守っていたので女性同士の情報共有が命綱になっていたとか。だからこそ女性の遺伝子のなかには、同調して、情報を共有すべしという鉄の掟がインプットされているのかもしれない。

だけど、いつまでも「同じ」ではいられない。現代の女性を取り巻く環境は目まぐるしく変わる。環境に適合するのが必死で、女友達と会える機会も大人になれば一気に減る。女の友情、女同士の絆は、本当にハムよりも、湯葉よりも薄いのだろうか？

そもそも本当の絆って、いったいどんなものなのだろうか？

そんな私に「本当の絆」のモデルケースを見せてくれた存在がいる。

静岡県にある宝台院《ほうだいいん》にいる阿弥陀如来立像《あみだにょらいりゅうぞう》、通称「白本尊《しろほんぞん》」。快慶の作といわれていて、像高はおよそ1メートル。

阿弥陀如来というと、ずっしりどっしりした安心感のある体型をしているイメージがあるが、白本尊はどちらかというと華奢で、快慶による造形の表現にも後押しされているのか繊細な印象を受ける。

なんというか、控えめだけど、いざというときには力になってくれそうな、そんな縁の下の力持ち感が、宝台院の阿弥陀如来には感じられるのだ。

増上寺の秘仏である「黒本尊」と対をなす形で、徳川家康の守り本尊として存在してきた「白本尊」。

名前の通り、その姿は白いのかと思うだろうが、実際は白いわけではない。なぜ白本尊というかというと、金箔の下に胡粉《ごふん》（白色の顔料）が塗られていたからだという。

この白本尊を家康は大層愛し、片時も離れることがなかったという。浜松から江戸、江戸から駿府へと移り住むときも、さらには戦へ出陣するときも、馬にくくりつけていたのだとか。馬からしたらいい迷惑かもしれないが、それほど家康はこの白本尊を大切にしていたのだ。サッカーボールと一緒に寝ていた『キャプテン翼』の翼くん並みに、片時も離れない勢いである。ボールは友だちならぬ、白本尊は友だち的な。

きっと家康と白本尊の間には、本当に固い絆があったに違いない。家康が白本尊を大切にしたように、白本尊も家康を大切にしているような、そんな思いがその姿から伝わってくるような気がする。

家康が白本尊と出会ったのは19歳のとき。当時、白本尊が安置されていたお寺の住職だった登誉上人《とうよしょうにん》から、家康は浄土宗の奥義を5日間にわたって受けた。その教えに感銘を受けた家康は、白本尊を自分の守り本尊にしたいと申し出て、白本尊は家康の念持仏《ねんじぶつ》（常に身に付けたり、私室に置いたりする仏像）になったという。

家康と登誉上人が「戦いと念仏」というテーマで問答をしたと記されている書物も残っており、それによると、二人の問答の場には白本尊がいたという。

上人との問答は、家康にとって一人の人間としての「自問自答」だったのだろう。そしてそんな姿を見守っていた白本尊。家族とも違う。恋人とも、夫婦とも違う。親子とも違うし、友だちとも違うかもしれない。そんなふうにカテゴライズしなくてもいいほどの確かさで結んだ太い絆が、両者の間にはあったのだろう。

それぞれの志のもと、命を懸けた戦国武将。戦乱を生き抜いたときも、国のトップに立った後も、家康はずっと孤独だったのだろう。もしかしたら、家康は白本尊の前では、戦いを生き抜く者ではなく一人の人間に戻れたのかもしれない。

実際に、戦のとき家康を狙ったであろう一本の矢が白本尊の左の耳にあたり、家康は事なきを得た、というエピソードがある。まさに「守り本尊」らしい逸話だが、これもまた、二人の絆の話と言っても過言ではないだろう。

家康は、数多くの戦国武将のなかで誰よりも「生きてこそ」を体現した人だったと私は思っている。死んで当たり前の世界で、あえて「生きてこそ」を追求した。死んだら終わりなのだと。だからこそあんなに長い間、戦のない世界をつくり出すことができたのだろう。

家康が掲げた「厭離穢土《おんりえど》」。これは「汚れのない戦のない世界」という意味であろうと私は解釈している。さらにそれが、家康の生きる理由でもあったのではないか、と。戦いのない世のためなら、自分は悪にさえなってもいい。家康の歩んできた歴史を見ているうちに、もしかしたらそんなスタンスだったのかもしれないと思った。

夢を叶えることは、時に孤独だ。理不尽な思いもいっぱいしなければならない。言い返したくても言い返せないこともたくさんある。

だが、言葉はなくても自分の苦しみや孤独を理解してくれる「絆を結んだ存在」がいてくれれば、きっと耐えていける。大切にされることで、相手を大切にしようとする。そこにはなんの打算もない。ただ相手を慈しみ、精一杯力になろうとする。

宝台院の阿弥陀如来と向き合ううちに、私が最近感じた「絆」のことを思い出した。

足の事故に遭って、なんとかリハビリを頑張って回復はしてきたものの、アーティストとして復帰するかしないかで迷っていた頃のことだ。

ちょうど年末帰省したタイミングで、ひょんなことからSNSでつながった高校時代に仲の良かった友だちと会うことになった。20歳で会ったきりだったので、8年ぶりだった。

お店に着いて、乾杯をしてご飯を食べながら近況報告をしていると、彼女がふと神妙な面持ちになって言った。

「なんかあったんじゃないの？」

そういえば、昔から私に何かあると、ずーっと何時間も電話で話を聞いてくれたな。もちろんその逆もあったけど。

大人になってからの私は、答えが出ない状態で友だちに悩みを相談するのが至極苦手になってしまっていた。なので、いつも友だちには「事後報告じゃなくて、リアルタイムで悩んでるときに相談してよ！」なんて言われていた。

だけどそのときは、その彼女の言葉があまりにも真剣に感じて、適当に流すのがとても失礼なことのように思った。彼女が私を心の底から心配してくれているのだ、とそのひと言を聞いて理解できたのだ。そうして私は、事故に遭ったこと、今までずっと頑張ってきたけどとても疲れたこと、やめようかと思っていることを素直に話した。

ひと通り話し終わった後、真剣に話を聞いていた彼女は、こう言った。

「まだ今は、もうやめていいんじゃないって言ってあげられない」

そして彼女は、私のCDを買ったり、YouTubeでミュージックビデオをみたりして、ずっと応援してくれていたこと、同じことを10年以上も続けている私を尊敬してくれていることを、本当に真剣に伝えてくれた。そして最後に「こんなところでやめたらもったいない」と言った。

私が高校生のときから音楽で仕事がしたい、と頑張り続けてきたのをずっと見てきたからこそ、私がその夢をどんなに大切にしてきたかもちゃんと知っている。だから今やめたら絶対後悔するのも、わかってる。だから止めると、彼女は言ったのだ。

思わず私は、唇を噛んで下を向いてしまった。うっかり泣いてしまいそうだったから。そして同時に驚いた。彼女はどうして、こんなに私の心の奥底で、言ってほしいと思っていた言葉を言ってくれるのだろうと。

それはきっと、彼女と私の間に確かな「絆」があったからだろう。

ちなみに彼女と「私たち親友だよね」という確認をしたことは一度もない。親友だよね、と確認してきた友だちとは、結局疎遠になっている。

そして別れる前に、彼女は言った。

「私はずっとここにおるから、またなんか会ったらいつでも帰ってきてよ。SALLiAのこと、ずっと待っちょんけん」

慣れ親しんだ大分弁で、私にかけてくれた言葉。さすがに目の前で泣くのはなんだか照れくさいので必死に我慢したが、帰りの飛行機で、こっそり泣いた。

また胸を張って、帰省して、彼女に会うこと。それが私のモチベーションの一つになっている。

本当の絆を前に、お互いの関係性を確認する言葉はいらない。だけど必要なときには、ちゃんと必要な言葉を与え合える。それが「本当の絆」の証なのだと思う。

彼女とは、環境もまったく違う。だけど私も、彼女のことを尊敬している。だからこそ、いつも幸せでいてほしいいし、何かあったら力になりたいと思う。

女同士の絆に本当に必要なのは「同調」でも「共感」でも「シェア精神」でも「かわいい」でもない。違う場所で生きる相手を、誇りに思える心なのだ。

湯葉より薄い友情はもはや「友情」とも「絆」とも呼ぶにふさわしくないだろう。たぶん一番近いのは「自尊心の舐め合い」だ。動物同士の毛づくろいのほうがよっぽど尊い。

白本尊と家康の絆もすごいかもしれないけど、私が結んだ絆だってすごいんだよ。と、宝台院の阿弥陀如来に会うたびに、絆自慢をしたくなる。

そしてその後、必ず彼女に会いたくなってしまうのだ。

宝台院の阿弥陀如来、白本尊は、私にとって絆とは何かを教えてくれる存在であると共に、絆を結んだあの子に会いたくなる仏像日本一で間違いない。

宝台院》

阿弥陀如来立像《あみだにょらいりゅうぞう》

豆知識

なぜ「白本尊」なのかというと、金箔の下に胡粉が使われていたから。ちなみに「黒本尊」もきちんと存在する。黒本尊は、品川にある増上寺《ぞうじょうじ》にいらっしゃる。秘仏だが、年に3回の正五《しょうご》九《く》御《ご》祈《き》願会《がんえ》のときだけ扉が開けられる。

宝台院

住所 —— 静岡県静岡市葵区常磐町2丁目13-2
電話 —— 054-252-1090
H.P. —— houdaiin.jp

仏像プチコラム

#7 天とは？

「天《てん》」は「天部《てんぶ》」とも呼ばれ、仏像の4つのグループのなかで一番バラエティ豊かな仏が属するグループである。

まず、天部の仏は2つの種類に分けることができる。分け方は、ここでもやっぱり「役割」の違い。一つ目は「SP or マネージャー」。そしてもう一つは「現世御利益」だ。

天部の仏は、バラモン教、ヒンドゥー教からヘッドハンティングされた元神様で、仏教界でもその力を発揮されている存在が多くいる。

初めて天部と呼ばれる仏が登場したのは、紀元前3世紀頃。古代インドで信仰されていた、ヒンドゥー教の前身でもあるバラモン教の神々が仏教と融合したのが始まりだった。それが「四天王《してんのう》」や「梵天《ぼんてん》」「帝釈天《たいしゃくてん》」「阿修羅《あしゅら》」などの仏。これらを「初期天部」という。

初期天部の特徴は、お釈迦さまとの関わりが深い仏たちであるということ。お釈迦さまがブッダになる前から関わりがあった仏たちもこの初期天部には存在する。

悟りを開いた直後、それを多くの人に広めるようにお釈迦さまを説得した梵天は、特に有名な存在だろう。

そして、お釈迦さまのSP的役割の梵天・帝釈天は、もともとのヒンドゥー教では、ブイブイいわせていた神様だったらしい。

紀元1世紀頃からは「中期天部」と呼ばれる仏たちが登場してくる。この時代になると、バラモン教が民衆化しパワーアップしたヒンドゥー教の神々が仏教と融合し、新たな天部が誕生。日本でも馴染みのある「弁財天《べんざいてん》」や「吉《きち》祥天《じょうてん》」、薬師如来《やくしにょらい》の眷属《けんぞく》である十二神将《じゅうにしんしょう》たちが該当する。

同じ頃、ガンダーラで初めて「仏像」が誕生した。そしてその後、中国に仏教が伝播されるという流れに突入する。

初期と中期があるなら、当然「後期」も存在する。「後期天部」は、紀元7世紀に登場し、日本では七福神としても有名な「大黒天《だいこくてん》」、俊足で有名な「韋駄天《いだてん》」、子どもの守護神として有名な「鬼子母神《きしもじん》」などが分類される。

この紀元7世紀頃というのは、インドでは「密教」という新しい教えが起こった時期でもあった。後期天部はヒンドゥー教から、密教と融合した神々でもあるのだ。

私は、個人的には、天部の魅力はバラエティ豊かな仏がいるということに尽きると思っている。元神様ということもあって、エピソードに事欠かない仏も多く、仏像の作風においても、もっとも自由で表現の幅があるのが、この天部の仏であると感じている。

また、現世御利益の役割を担うというのも、ある種、もっとも人間的な部分があるからこそ、そういった役割を担えるのではないかと思う。

そういう意味では、天部は一番人間に近い仏像グループであると思う。天部の仏たちは、エピソードを知れば知るほど親近感が湧いてくる、不思議な魅力の持ち主たちなのだ。

時短、しなきゃいけない？

「今」を生きてますか？

道成寺　五劫思惟阿弥陀如来像

「時短」というキーワードで検索すると、時短勤務に、時短レシピ、時短メイク、時短家事など、たくさんの「時短」が出てくる。あげくの果てには、「時短　ゆで卵」というキーワードさえ検索候補に上がってくる。

日本人は働きすぎと散々言われていたのに、この上さらに時短にいそしもうというのか。ゆで卵ぐらいゆっくり茹でたらええがな……。

スマホなどの発達で、私たちの生活は同時にさまざまなことを処理しないといけないマルチタスク化してしまったことにより、短縮できる時間は短縮しようという考え方も発達したのだろう。日本人はもっとも勤勉と言われている民族だ。そんな私たちの性質に加え、この情報社会はいろいろなものを処理していくだけで精一杯。時短という言葉が流行るほど、時間の使い方は現代人にとって大きな課題となっている。

だけど、時短という言葉が使われる対象になるのは、女性が多いように思う。つまりそれは、時短を求められるのは主に女性だ、ということにもなるだろう。

時短勤務制度はそもそも育児・介護休業法で定められている制度なので、男性も対象になっている。しかし、子育て中の女性が使う制度だと思っている人が大半だろう。

時短勤務は給料が減ったり、時間が短い分肩身が狭くなったり、0・5人分とカウントされたりするとよく聞く。時短は本当に救いの手なのか、もはやよくわからない。

気づけはば私も、いつも仕事に追われているし、なるべく短縮できる時間は短縮しようとも思う。そしていつしか、過程と目的がすり替わり、みんなを幸せにするために仕事をしているのか、目の前の物事を俊敏に処理するために仕事をしているのか、わからなくなるときがある。

ひと昔前の私は、無駄な時間をどれだけ省くかに執心していて、マウスを操作してクリックする時間すらもったいなくて、ショートカットキーをバリバリ駆使していたタイプだった。自分のことを、進むのをやめたら呼吸ができなくて死んでしまう「マグロ」だとでも思っていたのだろうか。なんというか、ひと言で言うなら、生き急いでいたのだ。

だが足の事故に遭って、例えでなく、リアルに立ち止まって時間をかけないといけない生活を強いられて、初めて気づいた。「時短って、今を生きてなくない？」と。

そしてその瞬間、ある仏像の姿が頭に浮かんだ。通称「アフロ大仏」と呼ばれる五劫思《ごこうし》惟阿弥陀如来像《ゆいあみだにょらいぞう》である。

突然だが、落語の『寿限無《じゅげむ》』というお話は知っているだろうか？ 生まれた子どものために、名前に縁起のいい言葉を全部詰め込んだ結果、とてつもなく長くなってしまったというあのお話。

その長い名前は「じゅげむじゅげむごこうのすりきれ～」で始まるが、この「ごこう」こそが、まさに「アフロ大仏」と呼ばれるゆえんなのである。

「劫」というのは時間の単位だ。どれくらいの長さかというと、三千年に一度、天女が舞い降り、着ている羽衣で大きな岩を擦る。こうして三千年に一度擦った岩が、擦り切れてなくなるまでにかかる時間を「一劫」という。つまり五劫は、その五倍。計算してもしなくても、その時間の果てしなさはおわかりいただけるだろう。

和歌山県にある道成寺《どうじょうじ》の五劫思惟阿弥陀如来像は、像高1・2メートル。通肩《つうけん》という、両方の肩を覆った衣の着方が、恰幅の良さをより表している。半眼は横に長く、まぶたは少し腫れぼったい印象だ。

またもや突然だが、人が何かを真剣に考えているときの顔とはどんな顔だろうか？

「うーん」というと、鼻と口の距離が近くなるのではないだろうか？

五劫思惟阿弥陀如来は、まさにそんな表情をしている。半眼のまま、「うーん」と言っているかのように鼻と口の距離が近くて、それによってほうれい線がくっきりと浮かんでいる。まさに考えているときの顔だ。そして、手が裾の中に隠れているのも、考えているときの姿を彷彿とさせる。仏師の芸の細かさがキラリと光っている。

では五劫思惟阿弥陀如来は、その名の通り五劫もの時間をかけて、いったい何を考えているのだろうか？

これまた仏あるあるで、仏さまはいつも「どうしたらみんなを幸せにできるのか？」ということで頭をいっぱいにしてくれている。五劫思惟阿弥陀如来は、それを考えているうちに髪が伸びて、アフロのように頭が大きくなってしまったのだという。つまり、それくらい長い間、考え続けたということだ。

私は今まで、本当の意味での「時間」というものを、あまり意識したことがなかった。もっとわかりやすくいうと時間とどう向き合うべきかを考えたことがなかったのだ。だけど足の事故に遭って、ある日急にまともに立ったり歩いたりできなくなって、初めて「時間」というものと正面から向き合うことになった。

今まで当たり前のように、なんら意識することなくサッサとこなすことができていた日常生活のすべての動作が、私にとってはとても困難で時間を要するものになった。

右足を一歩出して、その次に左足を出して初めて一歩歩けたことになるが、その一歩を踏み出すことすら、とても時間がかかった。健康な状態では信じられないぐらいの時間をかけて歩いた。だからこそ、「歩く」ということが、どんなに「尊い」ことだったのかを思い知ったのだ。

時間はお金で買えない。でも時間は、お金で買えない価値を教えてもくれる。とはいえ、現実的に働きながら子育てをしないといけない人もいるだろうし、バイトしながら勉強しなくてはいけない人もいるだろう。そんな人に「ゆっくり時間をかけろ」というのは、あまりにも現実的ではないことも、もちろんわかっている。だけれど、時間を短縮して「ゆとり」を生むために、「心のゆとり」までなくしてしまってはいないだろうか？

仏教で大切にしていることの一つが「今を生きる」ということだ。でもそれは、逆説的に言えば「今しか生きることができない」ということでもある。

「時短」は、1秒後の自分のために時間を短縮するという「未来」を意識したもので、決して「今」に注力しているものではない。

もしも、いつぞやの私のように時短することで心のゆとりをなくし、自分がなんのために頑張るのか、そして頑張ればいいのかがわからなくなったときは、どうか五劫思惟阿弥陀如来の姿を頭に浮かべてほしい。

私が初めて、五劫思惟阿弥陀如来の存在を知ったとき、思わず「こんなに長い時間、髪の毛が伸びるのも忘れて、誰かの幸せについて考え続けるなんてすごいな」と感心してしまった。そして本来「やるべきこと」というのは、「誰かの幸せを考えた上に成り立つものである」ということを五劫思惟阿弥陀如来のモリモリに膨らんだ頭を見て悟ったのだ。

一人ひとりの性格が違うように、人によってかける時間も、ペースも違う。大切なのは、五劫思惟阿弥陀如来のように「時間をかけてでも、または短縮する努力をしてでも、到達したいと思えるものと出会っているか？」そして「その意義を感じているか？」ということだと思う。同じ時間を短縮するということでも、目的がなければ手抜きだし、目的があるからこそ時短と呼べるのだろう。

「時間」というものはいつだって、私たちに当たり前ではない「尊さ」を教えてくれる。だからこそ、命には「時間の期限」もあるのだろう。期限があるから、尊い。

時間をかけることでしか得られないもの。そして、時間を短縮することで得られるもの。それをしっかり見極めて、五劫思惟阿弥陀如来のように、この限りある「時間」と精一杯向き合い、「今」という時間を味わいきりたい。

そうして生きた先にやってくる「生の時間の終わり」には、きっと五劫思惟阿弥陀如来のような穏やかな顔をしていられるかもしれない。

ごこうしゆいあみだにょらいぞう

道成寺》五劫思惟阿弥陀如来像

豆知識

五劫思惟阿弥陀如来の像は少なく、道成寺以外では、奈良の東大寺、十輪院《じゅうりんいん》、京都の大蓮寺《だいれんじ》、西向寺《さいこうじ》、東京の浄真寺《じょうしんじ》などで見られる。道成寺は和歌山最古の寺で、能や浄瑠璃、歌舞伎などでも有名な『安珍清姫伝説』の舞台でもある。

道成寺

- 住所 —— 和歌山県日高郡日高川町鐘巻1738
- 電話 —— 0738-22-0543
- H.P. —— dojoji.com

キャラ、立ってる？

「個性」を疑え！

大報恩寺　十大弟子像

2019年における「アラサー」といえば、がっつり「ゆとり世代」。1987年から2003年までに生まれ、「ゆとり」を持つことで子どもたちの「個性」を伸ばすことを目的にした「ゆとり教育」を受けてきた世代だ。

円周率が3・14から3になったり、週休2日制になったりと、それがいわゆる「ゆとり教育」と呼ばれるものに該当する。

もちろん私もゆとり教育を受けてきた。円周率をどうするか騒がしかったのが、小学5年生のとき。そして土曜日の授業がなくなったのが、中学1年生のときだった。

ゆとり。その言葉に、いつしか私たちを揶揄するような意味合いが込められ、やれ「個性」だ、「個々の能力」だなんだを求められるのは、やっぱりこのゆとり教育が原因なんだろうか。

現代のアラサー世代は、「個性」という言葉に悩まされてきた世代とも言える。足並みを揃えることを求められながらも、一方で個性も求められる。みんなと同じように歩きながら、かつ怒られない程度に目立てという無理難題を強いられてきた世代でもあるのだ。

そんな経緯からか、個性という言葉にあまりいいイメージを抱いていない人も、アラサー世代には多い。そして私もやはり、個性という言葉に、あまりいいイメージを持っていない一人であった。

「個性」という言葉を辞書で引いてみると「ある個人を特徴づけている性質・性格。その人固有の特性、パーソナリティー（大辞林より）」とある。

なんとなく言葉の意味は理解しているつもりだが、では、何が本当の個性と呼ぶべきものなのか。才能は個性なのか。奇抜なファッションをしていることが個性的、なのか。考えれば考えるほどわからなくなるし、捉え方一つで大きく変わってくるのが個性という言葉のむずかしさだ。

私はずっと自分のことを「まったく個性的じゃない」「つまらない人間だ」と思ってきた。ちょっと癖があるし、好き嫌いも分かれるけど、鮮烈なイメージを残す個性的な人に、心の底でずっと憧れていた節がある。

そんなある日、飲み会の席でふと「あの人って個性的だよね」という話になって、私は素直に「私は自分のことを地味でつまらない人間だと思ってるので、ああいう個性的な人に憧れる」と言った。すると、ほかの人たちが一斉に「いやいや！　歌手で、曲作って、踊って、しかも仏像オタクニストで仏教とか仏像の本出してて、何言ってんの！　肩書きだけでも十分個性的じゃん！」と言ってくれたが、正直私は困惑する一方で、それがよろこぶべきことなのかもわからなかった。

「個性」ってなんぞや？

私は本当に「個性的」なのか？

ぐるぐるぐるぐる「個性がわからない」ループに引っかかってしまった私に、救いの手を差し伸べてくれた仏像たちがいる。

仏界の「個性派」を集めたグループ「十大弟子《じゅうだいでし》」だ。

十大弟子とは、お釈迦さまの弟子のなかで、代表的な十人の弟子のことを言う。つまり、お釈迦さまの弟子のなかから選抜して作られたグループと言える。

なかなか十人揃って仏像になっていることがない十大弟子だが、その個性を余すことなく表現し、かつ十人揃った姿で仏像になっているのが、大報恩寺《だいほうおんじ》にいる十大弟子像だ。

大報恩寺といえば「千本釈迦堂《せんぼんしゃかどう》」とも呼ばれ、本堂の本尊、釈迦如来坐像が古来より厚く信仰されていることや、近くに南北に走る千本通があること、千本の卒塔婆《そとば》が道に立てられていたこと、千本の桜あるいは千本の松並木が植えられていることなど、たくさんのトピックがある寺でもある。

十大弟子を生み出したのは、快慶《かいけい》一門。なかでも目犍連《もくけんれん》と優波離《うばり》には「巧匠《こうしょう》法眼《ほうげん》快慶」というサインが入っており、この二体は晩年の快慶の手によるものであると言われている。

快慶が、自分の生きてきた人生のすべてを込めたのではないかと感じさせるほどの迫力が、大報恩寺の十大弟子にはある。

年齢も、歩んできた人生も、悟りへのプロセスもそれぞれ違う十大弟子。当然、体の肉のつき方も違うし、血管や骨の浮き具合、骨格などの違いも見事に表現されている。今にも動きだして、説法したり座禅したりしそうなほど、そして写実的という言葉でも言い表せないほどのリアルさが、十大弟子像にはある。まるでどんな声で喋るのかということが想像できそうなぐらいである。

一人ひとりが個性的だが、並んで見たときのバランスの良さが、また秀逸だ。誰も悪目立ちしておらず、でも誰か一人にスポットライトが当たっても成立するという絶妙なバランス感覚で表されている。

表情やポーズなんかも、それぞれの個性を表すものであり、十人揃って見たときにかぶってもいない。まるで雑誌の表紙を飾る人気グループのようだ。

改めて、ここでそれぞれの立派な「個性」を順に紹介していきたい。

・舎利弗《しゃりほつ》「智慧第一」

頭脳明晰で、聡明。とにかく頭がいい。十大弟子のなかではもっとも早くお釈迦さまの弟子となり、幼馴染の目犍連と力を合わせて初期の教団を支えた。阿弥陀経、般若心経にも登場し、般若心経の舎利子《しゃりし》は彼のことを指す。

・目犍連《もくけんれん》「神通第一」

神通力、千里眼などの、いわゆる超能力に長けており、餓鬼道に落ちた母親を救おうとした逸話が今日の盂蘭盆会《うらぼんえ》の起源になった。お釈迦さまの説法を邪魔しに来る異教徒を追い払うボディーガードの役目も果たしたという。

・摩訶迦葉《まかかしょう》「頭陀《ずだ》第一」　※頭陀とは、衣食住に関する貪りを払い除く修行のこと

出家してから生涯を終えるまで、衣食住に対する執着を払いのける修行を続け、お釈迦さまからもらったお古の衣を生涯大切に着た。畑仕事をしていて、土から出てきた虫が鳥に食べられる光景を目撃し、殺生の罪を感じ、これがきっかけとなり出家する。

・阿那律《あなりつ》「天眼第一」

お釈迦さまのいとこ。説法中に居眠りしたことを恥じ、それ以降、仏の前では決して眠らないと誓いを立て、不眠・不臥《ふが》の修行をした。しかし不眠がたたり、ついに失明してしまうが、逆に真理を見る眼を得たと言われている。

・須菩提《しゅぼだい》「解空第一」または**「無諍第一」**

仏教でもっともむずかしい「空」を、もっともよく理解したと言われる。そして無諍とは言い争いをしないこと。須菩提は、元は短気で粗暴な性格だったが、お釈迦さまに出会

い、言い争いをしないように心がけ、無諍第一とまで呼ばれるほど穏やかになった。

・**富楼那《ふるな》「説法第一」**

弁舌に優れ、わかりやすい説法が得意で多くの信者の心を動かした。さらに60種類の言語に通じていたとも言われている。

・**迦旃延《かせんねん》「論議第一」**

幼い頃から聡明で学者タイプの冷静な理論家で、お釈迦さまの教えをわかりやすく伝え広めることに長けていた。一度聞いた講義の内容は忘れず、よく理解したと言われている。

・**優波離《うばり》「持律《じりつ》第一」**

もともと、律儀で真面目な性格だったので、戒律によく精通し、またよく守ったことから、戒律の第一人者となった。出家する前は理髪師で、髪を剃ったことがきっかけでお釈迦さまに出会い、弟子となった。

・**羅睺羅《らごら》「密行第一」**　※密行とは緻密、厳密、手抜かりのないこと。

お釈迦さまの実の息子ゆえに、特別な目で見られることが多く、必然的に戒律を厳守するようになった。受戒を受けたものとそうでないものは別々の部屋で寝るという規則があり、羅睺羅が見習いであった頃、息子だからといって特別扱いを受けることなく、規則を守り便所で寝ていたという。

・阿難陀《あなんだ》「多聞第一」

お釈迦さまの身の回りの世話をしたため、もっとも近くでその言葉を聞き続けたので、多聞第一と呼ばれる。お釈迦さまが亡くなった後、優れた記憶力で、そばで聞いた教えを語り、経典の編纂に協力し、その責務によりついに悟りを開いたと言われる。美男子としても有名。

以上が十大弟子の紹介だが、めちゃくちゃキャラ立ってるじゃん！　と思ったのではないだろうか。

彼らの個性は、決して「後づけ」ではない。自らがもともと持っていたもの、そしてたまたま巡り合ったものから得たものを、伸ばしていった結果に生まれたものと言える。

私は今まで、個性とは「周りと違うこと」という、認識というか偏見に近いイメージを持っていた。だが、本来は「人と違わなければいけない」というものではなく、「自分がたまたま持っていたものを伸ばしたら、それが人とは違っていたらしい」というものが「個性」と呼ぶべきものなのかもしれないと思い始めた。

パーソナリティーを考える上で必要なのは「自分という軸」をどこに置くのか、ということだと私は思う。

この世には「自己」と「自我」という自分を表す二つの言葉がある。個性を語る上でも自己か自我かは大切になってくるだろう。

他者を通して意識する自分が「自己」で、自分の考える自分が「自我」というふうに言われている。つまり自己は客観性が主となり、自我は主観性が主となっているとも言えるだろう。

さらにいうと、自我は「エゴ」という言葉でも表される。どちらかというと、パーソナリティーに近いのは自我よりも自己ではないかと私は考えている。

「人と違うことを意識してやろう」「自分が目立てばそれでいい」は個性を勘違いして生まれたもので、ただの「エゴ」ということになる。一人よがりな「個性もどき」は、「私という個を尊重して」という主張でしかないのだ。

「個性」は諸刃の剣だ。使い方次第で、長所にも短所にもなり得てしまう。

説法第一の富楼那も、もし相手のためでなく自分が気持ちよく話すことによろこびを見出し、うまく喋れていることに悦を感じていたのなら、それはもう個性ではなくなる。

多聞第一の阿難陀も、聞いたことを人のために、と生かしたからこそ個性と呼べるものになった。ただ聞いたことがあるだけの人を個性的とは呼べないだろう。

つまり、個性とは自分を構成する要素の集合体であり、その要素を何かに生かして初めて、その個性が発揮されることになるのだと思う。

そして本当の個性は、自分を尊重するためにあるものではない。むしろ他者を尊重するための能力のことだ。

個性的な十大弟子は、それだけ「自分の特性」というものと向き合い、ときには疑い、そして伸ばしていったプロフェッショナルな集団なのだ。そしてその特性を伸ばし、生かすための歩みを止めなかった人たちでもあると思う。

「個」を疑い続けろ！

その先にこそ、自分という「個」に生まれたよろこびが待っている！

十大弟子の姿はいつだって、私にそのことを教えてくれる。

じゅうだいでしぞう

大報恩寺》 十大弟子像

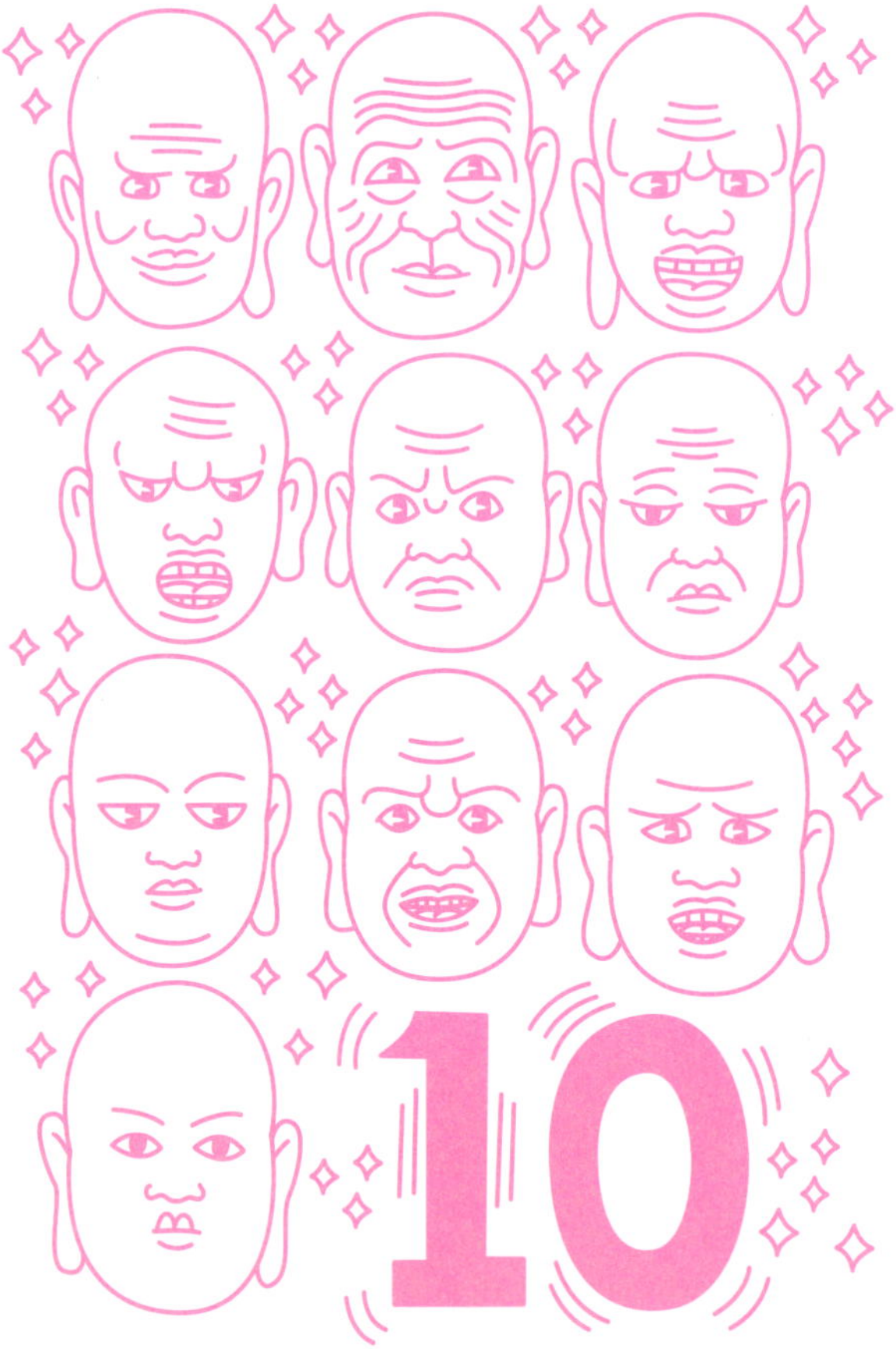

豆知識

1227年に建立された大報恩寺の本堂は、数々の戦火を免れ、800年近く経った今も当時のまま残る。京都市内最古の木造建造物として国宝に指定されている。

千本釈迦堂
大報恩寺

- 住所 —— 京都府京都市上京区七本松通今出川上ル
- 電話 —— 075-461-5973
- H.P. —— daihoonji.com

仏像プチコラム
#8

仏像の外見的特徴　その2

仏像のアイデンティティーは、手や持ち物だけでなく、背と足元にも表れている。

よく、尊いと思う人に対し「後光が差している」という表現をするが、仏像もリアルに後光が差している状態を造形的に表している。

この仏像の背にある装飾のことを「光背《こうはい》」という。これは「丈光相《じょうこうそう》」という三十二相、仏の特徴に基づくもので、体から放たれる光を「身《しん》光《こう》」、頭から放たれる光を「頭光《ずこう》」、頭光と、身光が合わさって放たれる光を「挙身光《きょしんこう》」という。

頭から出る光と、体から出る光を、それぞれ円形の形で表した「二重円光」や、船を立てたような形に見えるが、実は蓮華の花びらをかたどったと言われる「舟形光背」などが有名だが、時代とともに、光背のバリエーションも増えていった。

もちろん光だけでなく、不動明王などによく見られる「火焔《かえん》光」は、燃え上がる炎のような光背で、厳しい怒った顔をより迫力のあるものに印象づける光背である。

ちなみに奈良の大仏の光背は、一面に多数の仏が並んだ「千仏光」と呼ばれる光背で、これは奈良の大仏が存在する世界に由来するものだ。

奈良の大仏こと、毘盧舎那《びるしゃな》仏が住んでいるのは蓮華蔵《れんげぞう》世界という世界。その中心で、毘盧舎那仏は1000の花弁を持つ蓮華の上に坐っているといわれ、1000の蓮弁それぞれには、100億の釈迦を中心とした世界があるとされている。

さらに100億の釈迦それぞれも1000の蓮弁を持つ蓮華の上に坐っているという、壮大なスケールの世界だ。

このように、仏のプロフィールが光背に込められていることもあるのだ。

仏の足元も大変個性豊かである。

仏が載っているいわばステージ的なものを「台座」といい、お釈迦さまが座っていた菩提樹の下を表したことが始まりであると言われている。

もっとも多い台座は「蓮華座」で、主に如来や菩薩の台座として使われている。また、須弥《しゅみ》山《せん》という、仏教で考えられている世界の中心に存在すると言われている山を表した「須弥座」や、不動明王の揺らぐことのない不動の心を表すと言われる、角材を組み上げたような台座「瑟瑟《しつしつ》座」などもある。

さらに、動物に乗っている仏もたくさん存在する。仏像ファンのなかには、台座になっている動物が好き！　という方もいる。

もちろんちゃんとした意味があるのだが、インド文化の影響が色濃く表れ、愛らしい姿で表されることも多い動物たち。

なかでも象に乗って表される仏が多く、有名なところだと普賢菩薩、帝釈天などが該当する。

象に関しては、お釈迦さまのお母さんが、六本の牙を持つ白い象が自分の右の脇の下から体に入ってくる夢を見て、お釈迦さまを身ごもったというところから、神聖な動物とされてきた。

同じように、水牛もインドでは古くより神聖な生き物で、泥の中でも足を取られることなく進める姿が、仏教が煩悩や迷い、苦しみに足を取られることなく、自由に歩いていけることを表していると言われている。

インドでは国鳥にも指定されている孔雀に乗っているのは、明王なのに唯一菩薩のような姿をしている孔雀明王。

孔雀は、毒蛇を食べることから古代より大切にされてきた。

毒蛇は、煩悩や穢れに例えられ、それらを食べてしまう孔雀には霊力が備わっているという考えがあったとか。

さらに、雨季になると発情期をむかえて甲高い声で鳴き、その到来をいち早く告げることから、神格化されて仏教に取り入れられ、孔雀明王になったという経緯がある。

仏の手元や持ち物に満足した後は、背や足元も、ぜひ注目して見てほしい。

アラサー服装問題

本当の「ありのまま」、悟るのよ

薬師寺 聖観音菩薩立像

ネットで「アラサー」とキーワード検索すると、さまざまな予測変換が出る。「アラサー　ファッション」「アラサー　髪型」「アラサー　メイク」「アラサー　独身」「アラサー化粧水」「アラサー　誕生日プレゼント　女友達」etc…。

なかでも一番涙が出たのは、「アラサー　前髪」だ。アラサーにとっては、前髪を切るべきか否かも、頭を抱えるほど悩まなければいけない大問題なのだ。まさか予測変換で泣かされる日が来るとは……。

ひと昔前、とあるショッピングモールでライブイベントを行ったとき、MCで年齢を言ったことがある。といっても私はアイドルではないので、別に年齢を隠す必要もないし、一度も隠したことはない。そのときも普通に「25歳」であることを言った。

すると、その日のイベントの感想をネットに書いている人がいて、よくよく見ると「25歳なのに、ミニスカート履いて踊るとか痛い。25歳すぎたら、衣装はロングスカートのほうがいい」とあった。

いやいやいやいやいや。待て待て。ロングスカートじゃ踊れないんですけど!?　職業ごとに決まった制服があるように、ステージの上でその曲の世界観やアーティスト性を表せる衣装こそが、アーティストにとっての制服なんですけど……。と思いつつ、年齢に応じた服装というものに捉われ「過ぎて」いる人がいることはしょうがない。

でも、自分がそれに遭遇するのは初めてだったので、正直かなり面食らったのを今でも覚えている。

「30歳をすぎたら、白いワンピースは着るな」とか「30歳すぎたらみんなババア」とか、そういう類のテーマがネットではわんさか議論されている。そのくせ、みんな「ありのまま」とか言ったりもしてる。正直もう、うんざりだ。

誰から見ても若いと言われる年齢のときは、どんな服装をしていたってそれは若さの証として見られるし、逆に「もっと若いんだから、明るい服着なきゃ！」とか言われたりもする。結局、いくつになっても「年相応」を求められるのだ。

だからこそ、ありのままを認めてほしいと思いながらも、変わらなきゃいけないと常にジレンマを抱えている。まだ若いと思いつつも、もう若くないとも思っているアラサーにとっては、服装選びは重大な問題なのだ。

服装だけじゃない。前髪一つとっても、「アラサーでぱっつん前髪はよっぽど似合ってないときつい」とか言われる始末。きついってどう言う意味なんだ！

ちなみに私はずーっとぱっつん前髪だし、ライブではいまだにミニスカートも履いて踊っている。それが、私の思う「ありのまま」だからだ。

「その承認欲求は、なんのため？」で、「ありのまま」をネガティブに捉えた書き方をしたが、今回はポジティブな「ありのまま」を書いていきたいと思う。そのために必要なのは、やはり「ありのまま」の正体を探ることだ。

そしてそれを探るためには、やっぱり猫の手ならぬ、仏の手が必要である。

今回は、薬師寺《やくしじ》にいる聖観音菩薩《しょうかんのんぼさつ》の手をお借りしたいと思う。

薬師寺といえば、「東洋美術の最高峰」や「白鳳期を代表する最高傑作」と評される「薬師三尊像」が有名だが、今回スポットライトを当てるのはそれではない。

東院堂というお堂にいる聖観音菩薩立像は、像高188・9センチ。体は、制作当初は金箔に覆われていたというが、今は漆黒で、光背の金色と対照をなし、とにかく渋くてカッコいい。

そして顔立ちは、どこか異国っぽいというか、そこはかとなくギリシャっぽい雰囲気を醸し出している。それもそのはず。白鳳文化の源流を辿ると「隋・唐文化→ガンダーラ文化→ギリシャのヘレニズム文化」になるという。合点がいった。

この聖観音菩薩の伝来に関しては、記録がないと言われているが、そのミステリアスさも異国っぽい雰囲気に結びついているように思う。

バランスのとれた体つきで、手以外は左右対称。真正面から見たときの美しさは、きっともものすごく計算されたものだろうと感じる。

薄い衣から足が透けて見えるのが特徴的だが、それは古代インドグプタ様式と呼ばれ、仏なのに西洋美術にも通ずるような神聖さすら感じさせる。


聖観音菩薩は、いわゆる日本で人気の高い「観音菩薩」だ。

頭に阿弥陀如来がついていることが多いが、それは阿弥陀如来が聖観音菩薩に変化して、あえて悟りを開く前の姿——私たちに近しい立場から救おうとしていることの表れなのだという。

そう。聖観音菩薩の魅力はなんと言っても、変身できること。聖観音菩薩は菩薩の基本の姿であり、十一面観音や千手観音たちは、聖観音菩薩から派生、または聖観音菩薩が変身して生まれた姿とも言われている。

なぜ変身するのかと言うと、人は自分と共通項のある人に安心感を覚えるからだ。たとえば、女性であれば女性、子どもであれば子ども、サラリーマンならサラリーマンと、近しい立ち位置にいる人だというだけで、素直に話を聞けたり言えたりする。だから、聖観音菩薩は救う相手が女性なら女性の姿で、子どもなら子どもの姿で、現れるのだという。

聖観音菩薩は、基本の姿、ベース、軸となる自分がしっかりと存在しているからこそ、変身してどんな姿になってもブレることがない。

観音菩薩が変身し、その姿になることにはきちんとした「人を救うため」という意義が存在している。どんな姿になってもそこはブレることがないし、ブレないからこそ、迷う必要もなくなる。逆に、生きとし生けるすべての命を救うために変身している姿こそが、仏としての本質的な姿とも言えるだろう。どんな姿でいても、救いの手を差し伸べるという姿勢が一貫しているのだ。

つまりどんな格好をしていても、その存在の本質が変わらないから、自分という存在に対するこだわりという執着（苦しみ）が存在しない。

観音の「観」という字には、「心の目で物事をありのまま見、音なき音を聞く」という意味がある。しかし「ありのまま」というと、自分に都合の良い「ありのまま」であると捉えてしまいがちだ。たとえば、自分のありのままだと思う行いが人を傷つけても、省みることはしない。だけど、「そんなふうにありのまま生きる私を、ありのまま愛して！」というようなことは、間違った「ありのまま」なのである。

本当の「ありのまま」とは、自分の価値観や物差しを度外視した、自分のフィルターなしで物事や人を見るということだ。

結局、人から見た自分は「その人から見た自分」でしかない。「その人」の価値観が必ずどこかに入ってしまう。そして、自分が自分に対して持っている認識ですら、自分の価値観というものが入ってきてしまう。

実際、10代が履こうが、アラサーが履こうが、ミニスカートの本質が変わるわけではない。ただの、短めのスカートであり、ただの繊維の集合体という物質の本質的な部分は一切変わらない。にもかかわらず、見る側の価値観によって良い、悪いが決められ、本来問題ではなかったことが「問題」とされてしまう。

だけれど、「25歳でミニスカート履くなんて痛い」とネットで書かれたときは、しばらくショックだったし、腹も立った。

今から考えるとそれは、私のなかにも「アラサーでミニスカート履くのはどうなんだろう」という自信のない部分があったからだと思う。自分のなかの負い目が、問題を生み出していたのだ。私がどんな姿をしていても、本質的な自分の姿と出会っていれば、問題になり得ない「問題」。

たとえば通りがかりの人が、走っている小さい車を見て「あれ、小さいね！」と言ったとする。もし自分が背が小さいことをコンプレックスに思っていたなら、「私のことを言われたのではないか？」ときっと思ってしまうはずだ。

それと同じように、自分の心の中にある「こだわり」や「コンプレックス」が問題にしなくていいはずの「問題」を生み出しているのだと思う。目の前に現れる悩みや苦しみは、あくまで心の中の問題が具現化されただけにすぎない。

伸びた雑草を土の上から取っても、土の下で根が張っている限り、雑草は伸びてくるように、本当にその苦しみや悩みから抜け出したいのであれば、根っこを断つしかないのだ。要は、「問題を問題と思わない」ようにするしかないということだ。

無駄な部分が一切なく、調和のとれた姿の薬師寺の聖観音菩薩。それは私にとって、究極の「こだわり」や「執着」を捨てた姿に見える。

「こう見られたい」とか「ああ見られたら恥ずかしい」とか、そんなものをすべて捨て去り、その姿であることの意義を見出し、それを堂々と体現している存在。

薬師寺の聖観音菩薩の姿を見てから、なんだか自分が気にしていることがとても小さいことのように感じた。

自分の本質的な表現や、音楽を通して誰かに手を伸ばすために必要な格好というものが、私にとってのミニスカートや短パンなのであれば、誰に何を言われたって、気にする必要なんかない。なんにも問題なんかじゃない。

問題を問題にしていたのは、私の心の中にあった「劣等感」だった。

もちろんＴＰＯも大切だし、年齢に応じた服装やメイクの変化も楽しみの一つだ。だけれど、それが人の目に左右されるものであってはあまりに悲しすぎる。本当のありのまま、本質的な自分、本当の意義を探り出せるのは、自分しかいない。

だからこそ、ミニスカートや短パンに執着する必要もない。人生のアップデートに応じて、その時々に意義や目的を見出せる表現は変わるのだろう。本当に必要なのは「改革」であって、「変革」ではない。

見た目のアップデートを気にする前に、自分自身を見つめ直し、本質的な部分を探していくという、自己のアップデートが必要なのだ。その過程で、問題や苦しみの元になるこだわりや執着というムダが削れ、本当に残しておかなければいけない「自分を自分たらしめている部分」が見えてくるだろう。

聖観音菩薩があんなに美しいのは、生きとし生けるすべての命のためなら、どんな姿にもなれるという心そのものが、その身に反映されているからだ。

私は、そんな聖観音菩薩に憧れている。

薬師寺》　聖観音菩薩立像《しょうかんのんぼさつりゅうぞう》

豆知識

世界遺産として登録されている薬師寺は、その名の通り、天武天皇が後の持統天皇である鵜野讃良《うののさらら》皇后の病気平癒を祈願して建てられた。近年、「お坊さんの説法」が人気で、なかでも支持されているのが「修学旅行生への説法」だとか。

薬師寺

住所 —— 奈良県奈良市西ノ京町457
電話 —— 0742-33-6001
H.P. —— nara-yakushiji.com

後悔から生まれるもの

覚悟を問われる瞬間について

興福寺 阿修羅立像

人間は常に「後悔」する生き物だ。もし、こうしていれば……。ああしていれば……。どんなに後悔しないと決めて挑んだ物事でも、何かハプニングがあったり、うまくいっていないと感じると、途端に後悔する方向に心が向いてしまう。

人生において大きな分岐点を迎える「アラサー」は、そういった意味でも後悔しようと思えばできる事柄が、これまでで一番増える時期である。

駆け込み結婚も、出産も増えるし、しっかり寝ても翌日に疲れは残るし、人によっては体質も変わる。

ちなみに私は、三十路を迎えてから、朝起きるとスネ夫か花輪くんのような寝癖がつくようになってしまった。今まで寝癖知らずだったのに。悲しい。

たびたびネットで上がっている、「アラサーになって後悔しないためにやっておくべきこと○選」という記事を見るたびに、しょっぱい気持ちになる。

まるでアラサー世代がみんな、後悔している生き物みたいじゃあないかッ！　と思いつつ、気になってその記事を読んでしまうあたり、やっぱり後悔の多くなりやすい年代になったのだということを自分自身で痛感する。

というわけで、いったいアラサーが何を後悔しているのか、ネットで挙がっていたものをいくつか列挙してみる。

・報われないことに時間を費やして、婚期を逃した。
・出会いの場にもっと積極的に行けばよかった。
・仕事ばかりするんじゃなかった。
・もっと早くからダイエットを頑張っておけばよかった。
・断捨離しとけばよかった。
・貯金しとけばよかった。
・あのとき、彼と結婚しておけばよかった。

やはり切実で、かつ「やらなかったものへの後悔」が多い傾向にあるようだ。

なかでも「婚活しておけばよかった」と、「婚活してもお金と時間の無駄だったから、しなければよかった」は、同じキーワードだが真逆の後悔を生んでいたりする。これが「後悔」の妙と言えるだろう。

後悔したところで過去に戻れるわけでもないし、取り返しのつかないことのほうが人生には多い。それにもかかわらず、なぜ人は「後悔」してしまうのだろうか。そしてたびたび言われてきた「後悔」と「反省」の違いは、いったい何で決まるのだろう。

突然だが、10年ほど前、仏像ブームと呼ばれるものが起こったことを知っているだろうか？　きっかけとなったのが、日本で一番「憂いを帯びた」美しい顔の仏像だ。

その仏像は、奈良の興福寺《こうふくじ》の阿修羅《あしゅら》。２００９年、東京国立博物館と九州国立博物館にて『興福寺創建１３００年記念 国宝 阿修羅展』という特別展が開催され、両館でのべ１６５万人以上という空前の入場者数を記録した仏像界のスーパースターだ。

憂いを帯びたその表情が、マジ美少年！　と若い女性にも大人気になり、某女性誌でも「仏像系男子」という言葉が飛び出たほど。そこで紹介された阿修羅の表情は、こう表現されていた。

「この世の何もかもを憂うような表情がセクシーだ」

仏像界のスーパースターの阿修羅に、ぜひお会いしたい！

実際に見る阿修羅の表情は、私にいったい何を語りかけてくれるだろうか？

なぜ、阿修羅はそんなに憂いを帯びた表情をしているのか？

そしてなぜ、その表情を美しいと私たちは感じるのだろうか？

私はその答えをどうしても確かめたくて、興福寺の阿修羅に会いに行った。今からおよそ４年前のことだ。

1998年に世界遺産に登録された興福寺は、数多くの国宝や重要文化財を有している貴重な場所だ。そんな興福寺の国宝館という場所の終盤部分に、阿修羅はいる。

阿修羅の語源は「アスラ」。ペルシャなどでは大地に恵みを与える太陽神、インドでは黄砂を招き、大地を干上がらせる太陽神であるとされてきた。古代では最高神だったが、時が経つにつれ、悪魔や魔神として扱われるようになった

そんな阿修羅にとって、あるとき決定的な出来事が起こる。

阿修羅は「グッバイ、草食系！」でも登場したシャチーの父親で、娘のシャチーを、いずれ須弥山《しゅみせん》にある忉利天《とうりてん》に城を持つ帝釈天に嫁がせるつもりだった。しかし、待ちきれない帝釈天はシャチーを力づくで奪ってしまう。それに激怒した阿修羅は帝釈天に戦いを挑むが、いつしか戦いに勝つことに執着し始めた阿修羅は悪の戦闘神となってしまい、「修羅道（争いの絶えない世界）」という下の世界に堕とされてしまう。シャチーを守るための正義が、いつしか誰かを傷つける刃になってしまったのだ。

善神から鬼神に成り果てた阿修羅に手を差し伸べたのが、お釈迦さまである。

お釈迦さまの話を聴いた阿修羅は、これまでの自分の行いがどれだけ愚かなことだったのかを思い知り、それを悔い、今までの罪を懺悔した。

そしてそんな自分を改心させてくれた仏教の教えを守るべく、二十八部衆という守護団

体に属し、活動をすることになったのだ。

阿修羅は、三面六臂《さんめんろっぴ》という三つの顔と六本の腕を持つ姿で表される。阿修羅の特徴は、表現される姿が、存在しているお寺やそれぞれに使われている物資によって変わるということだ。さらに、鬼神や戦闘神の名残を感じさせるような、荒々しい姿で表されていることもある。

興福寺の阿修羅は、像高１５３・４センチ。華奢で腕も長く、切ない表情をした少年の姿で表されているが、身長的にもだいたい11～12歳男子の平均身長に該当する。

真ん中で合掌された二本の手。両肩からバランスよく伸びる四本の長い腕が、阿修羅の持つ「危うさ」みたいなものを非常に細やかに表現している。

条帛《じょうはく》というタスキのような布をかけた肩から伸びる腰は、下に行くにつれ細くなっていく。しかし肩幅よりも少しだけ狭く開かれた足は、思いのほかどっしりした印象で、戦闘神だった頃の阿修羅の名残もしっかりと表現されているように感じる。

そして、三つの顔の表情がそれぞれ違う。正面の顔は何かに憂えた表情に、左側の顔は何かを許せないという表情に、そして右側の顔は唇を噛み、何かを悔やむような表情に見える。

仏教の教えを守る守護集団（二十八部衆）から、さらに選抜された八部衆というグループが乾漆八部衆立像《かんしつはちぶしょうりゅうぞう》として立ち並ぶ、その中心に位置する阿修羅。圧倒的センターの存在感を放っている。

私は初めて阿修羅の姿を眼の端に捉えた瞬間に、思わず歩みが止まってしまった。どうしてこんなに、私の心は阿修羅に捕らわれてしまうのか。

半ば見惚れながら、「阿修羅」の美しさについてずっと考えた。

興福寺の阿修羅の表情は「切なげ」と評されているのを、よく目にする。たしかに切なげではあるが、同時に決意を感じさせる真っすぐな眼差しにも私には見えた。そうして向き合っているうちに少しずつ、感じるものがあった。

阿修羅の姿には、「後悔」を「昇華」させている美しさが反映されているのだと思う。

阿修羅の「生きる」には、「後悔」が前向きな形で比例している。自分が生き続ける限り、その生き方、あり方で、後悔の先にしかない「後悔から得た学び」のようなものをずっと体現し続けてやるんだ。そんな覚悟が、阿修羅から感じられる。

「覚悟」は、仏教用語では迷いを離れ、悟りを開くこと——何もかもをすべて了解し、心構えをすることをいう。つまり、「自分が本当に全力で、一生懸命やったのであれば、後悔など必要なく、そこから生まれる苦しみもない」ということになるのだと私は思う。

興福寺の阿修羅の表情はとても人間らしい。だからこそ、私たち「人間」は彼の「人間らしさ」に心のどこかで共感する。

阿修羅は存在する限り、自分の過去の過ちと向き合い、その痛みに耐え続けるのだろう。しかし同時に、もう二度とあんなふうにはなるまいと、今を正しく生きることで過去の自分をも許し、肯定しようとしているのだと思う。

阿修羅の美しさは「覚悟」している存在が出せる、美しさだ。そして覚悟を持って後悔からの脱却に向かっている凄みが、美しさにさらに拍車をかけているのだろう。

後悔を次のために昇華して、初めて後悔は「反省」になる。立ち止まっている間はいつまで経っても後悔のままだ。だが、反省は後悔を経由しないと辿りつけない。だから、私たちの生きる過程にとって後悔は必要な種だ。

大切なのは、その種に水を撒き育て、そして「枯らさない」とする「覚悟」なのだろう。

今日も阿修羅はどこかで、切なげに眉を寄せ、その美しさで人々を魅了する。まるで私たちに、その「覚悟」を教えてくれるように。

あしゅらりゅうぞう

興福寺》　阿修羅立像

豆知識

興福寺の阿修羅が美少年に作られたのは、スポンサーが「光明皇后《こうみょうこうごう》」という聖武天皇の妃で女性だったからなのでは、という説もある。さらに阿修羅のモデルは、光明皇后の息子「基親王《もといしんのう》」だったのではないかとも言われている。

興福寺

住所 —— 奈良市登大路町48番地
電話 —— 0742-22-7755（本坊寺務所）
H.P. —— kohfukuji.com

仏像プチコラム

#9

仏像の姿勢と座り方

よく、「仏像っていろんな座り方してるけど、あれは気分によって違うの？」と聞かれることがある。たしかに、足の組み方一つ違えば、印象も変わる。同じ名前の仏像でも、立っている場合もあれば、座っている場合もある。それらはもちろん「気分」ではなく、「意味」や「個性」が隠されている。

まず、基本の姿勢として、立った姿勢の「立像」、座った姿勢の「坐像」、横になった姿勢の「臥《が》像」の3タイプに分けることができる。

その上で、さらに細かい分類がなされているわけだが、立像でいうと如来や菩薩は直立に立つか、少し片足を出す姿勢が多いが、明王や天部は足を上げ、まるで大地を踏み抜くような躍動感溢れる立ち方だったりもする。

両足を揃え、直立した姿勢を「正立像」、片足を少し前に出した、いわゆる「休め」のような姿勢を「遊足像（斜勢像）」、踊りを踊っているような姿勢を「舞勢《ぶせい》」という。

如来や菩薩などに多い、少し前かがみになった姿勢の「侍立《じりゅう》像」は、今すぐ救いに行けるようにという思いの表れだと言われている。

一方、坐像で一番多い形は、座禅でよく見る「結跏趺坐《けっかふざ》」という座り方で、これは両足が太ももの上に乗り、足裏が上を向くもっとも安定した座り方と言われている。

さらに日本ではあまり作例がないのだが、東京の深大寺《じんだいじ》の釈迦如来倚像《いぞう》にみられる「倚坐《いざ》」は、正面を見る形でまっすぐ台座に座り、両足を揃えて地に下ろした姿勢だ。

また、「半跏倚坐《はんかいざ》」といって、どちらかの足を曲げて、反対の足の膝の上に乗せている姿勢がある。これは菩薩のみにみられる座り方で、たとえば広隆寺の弥勒菩薩半跏思惟像《みろくぼさつはんかしゆいぞう》はこの「半跏倚坐」だ。頬に手を当て、少し前かがみで、地に足をつけている姿は、ロダンの「考える人」にどことなく似ているが、実際、弥勒菩薩半跏思惟像はどうしたら人間を救えるか「考える仏」なので、あながち間違っていない。

両足を爪先立ちしたまま、膝をつき、自分のかかとにお尻が乗っている姿勢を「跪坐《きざ》」といい、これは阿弥陀如来の脇にいる仏によく見られる。「すぐ立って、補佐します！」と、やる気に満ち溢れているように感じられる姿勢だ。

最後は「臥像」。これはお釈迦さまが涅槃に入ったとき（亡くなったとき）の姿勢をモチーフにしている。

体の右脇を下にし、右手を枕のようにして横になっている姿勢だ。例えは悪いが、よくドラマなどで主婦がせんべいを口に入れながら、テレビをみている姿勢に近い。だが、お釈迦さまがその姿をしていると、なぜか崇高な姿に見えてくるから不思議なものだ。

形から入るという人が一定数いるというが、さまざまな仏像の姿勢を真似してみるのも、もしかしたらアリかもしれない。

ほんの少しでも、仏の心を体感できるかも？

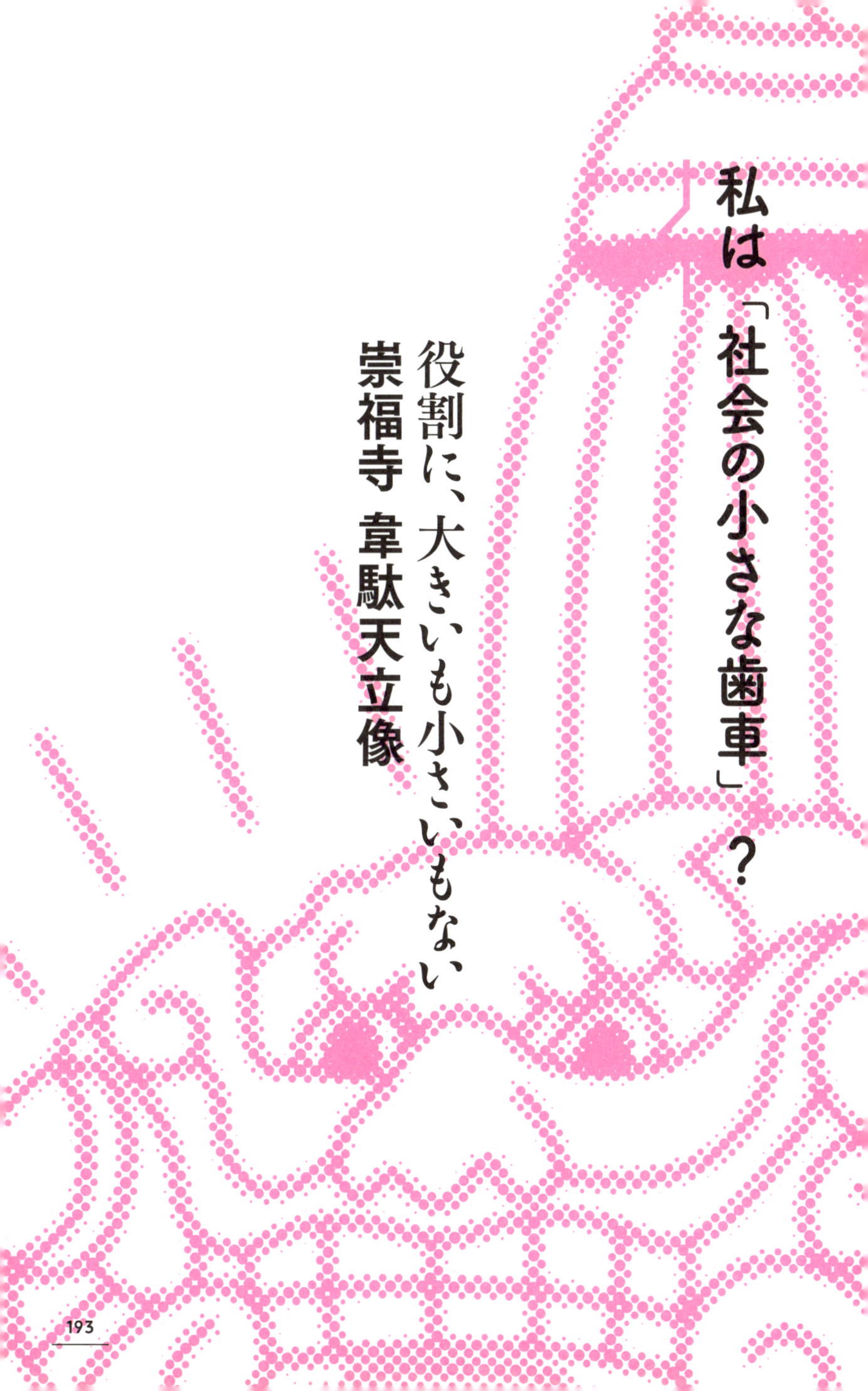

私は「社会の小さな歯車」？

役割に、大きいも小さいもない

崇福寺　韋駄天立像

「私なんて社会の小さな歯車の一つだなと思うと、たまにすごい虚しくなる」

仲の良い女友達とご飯を食べているときに、その子はボソッと言った。どんな話の流れだったかすっかり忘れてしまったのは、きっとその言葉がとても印象的だったからだろう。

そして私は少しだけ考えた。ここは励ますべきか、同意するべきか。でも、彼女がどういうつもりでそれを言っているか計りかねてしまい、とりあえずここは素直にリアクションしてみることにした。

「え、なんで。歯車の一つって立派じゃん！　それに小さくなんかないでしょ！」

心の中で素直に思ったことをそのまま口にしてみた。すると彼女はうーん、と言った後、続けた。

「そりゃSALLiAみたいにいろんな人に影響を与えるような仕事だったら、大きな歯車だけどさ。そう考えたら、私の歯車はやっぱり小さいし、社会の枠組みの中に組み込まれてると思うとなんか虚しいんだよね」

そう言った彼女は、怒ってるわけでも悲しんでいるわけでもないようだった。ただ、「なんだかなぁ」というような顔と声色でそう言っていた。そしてその「なんだかなぁ感」は私も知っている。

私は結構長い間、自分の仕事に対して「なんだかなぁ」と思っていた時期があった。音楽のアーティストといっても、事務所に所属しているといっても、母が代表を務める個人事務所なわけで……。実際のところ、アーティストとしてライブをしたり、曲を作ったり、リリースしたり、テレビやラジオに出る時間なんて、全体の3分の1にも満たないぐらい。これ普通、アーティストの仕事じゃないよね⁉ という仕事の分量がかなり多い。

何かをリリースするときも、自分で企画書を書いて、営業にも一緒に行って、ということをしないと、仕事はまず決まらない。大手のレーベルや事務所には、営業担当というのが存在している。でも個人事務所にそんな担当の人はいない。事務所代表である母がアポをとってはくれるが、それ以外は自分がやらねば何も進まない。自分の営業担当は、自分。最初はもう、とにかくそれが嫌で仕方がなかった。実績のない人間に世間は冷たい。嫌なこともたくさん言われたし、まともに音楽を聴いてもらえないこともあった。

それが蓄積されていくうちに「これは本当に自分のやりたいことじゃない」「自分はこんなことをするために東京に出てきたんじゃない」なんて、テンプレ通りのことを思い始めて、本格的に「何もかも逃げ出したい」「私の人生つまんない」となっていた。

これは自分にとって必要な「役割」じゃない。もっと大きな役割を担いたいんだってって思っていて、いつだって不機嫌だった。だけど、本当にすべて投げ出せるかというとそんな勇気は出そうにないし、出したいとも思っていない。だから結局は「なんだかなぁ」と思いながら、その仕事と向き合うしかないのだ。

でもそれじゃいけないと、心の片隅ではずっと思っていた。だって、どうせやらなきゃいけないことなのだ。それをずっとつらいとか、きついとか、別にやりたいことじゃないとか思いながらやることは、自分で新たな苦痛を生み出しているといえる。

「この役割はいいけど、この役割はやりたくない」なんて、どうして私は思っちゃってるんだろう。

そんな泥沼思考から抜け出るにあたり、力を貸してくれた存在がいる。

長崎にある崇福寺《そうふくじ》というお寺にいる韋駄天立像《いだてんりゅうぞう》。

最近の大河ドラマの名前にもなった「いだてん」だが、大河ドラマのほうは、日本人で初めてマラソン選手としてオリンピックに出場した金栗四三氏が主人公。

昔からめちゃくちゃ足の速いことを「韋駄天足」と言ったり「韋駄天走り」という言葉があったりするが、その語源となっているのが「韋駄天」だ。

崇福寺は日本最古の中国様式の寺院で、長崎に四つある唐寺の一つでもある。

かつて海外貿易拠点だった長崎には、華僑と呼ばれる中国渡来の人々が多く住んでいたのだが、彼らはキリシタンでないことを証明するために唐寺を建立する必要があった。そこで、1629年に中国福建省の出身者が、同じく中国の福州から超然《ちょうねん》という僧を招き、生まれたのが黄檗宗《おうばくしゅう》の崇福寺である。

崇福寺の韋駄天は、とにかく「精巧な美しさ」のひと言に尽きると思う。金色の甲冑はとても緻密なのに、猛々しさを感じさせるし、今にも動きそうな情感豊かないでたちと表情は、仏像と呼ぶのが悩ましいほど神々しい。体幹の良さを感じさせるどっしりとした立ち方と、力強く合わせられた手のひら。指の一本一本に長めだが、きれいに整えられた爪が施され、まるで本当の人間の指に見えるかのようだ。

合掌している手で宝剣を挟んでいる姿には、何かの儀式を感じさせるような崇高さがある。だけれど、その表情は決して厳しいものではなく、少しつり上がった目は優しく細められ、薄く赤く色づく唇の口角は緩やかに上がっている。

ふくよかな輪郭も韋駄天の体格の良さを引き立てているが、如来のふくよかさはとは違う、親近感を覚えさせるような優しい輪郭で、今すぐにでも頭を撫でてくれそうな近所の優しいお兄さんという感じがする。

しかし、本来の韋駄天のイメージは、そんな優しい印象とは裏腹だ。

韋駄天は、もともとはインド、ヒンドゥー教の神様で「スカンダ」と呼ばれていた。破壊神として有名なシヴァの次男ということもあってか、インド神話では帝釈天に代わって、最高司令官のポジションを担当していたとか。スカンダには「クマーラ」という別名もあり、これはいろんな神を統合し、一つにまとめた名残と考えられている。

インドでは最高司令官だった韋駄天が、仏教と融合し、仏像として表されるとき、その姿は中国風の甲冑をまとい、若い武将の姿で表されることが多い。というのも、韋駄天は中国の民族宗教である「道教《どうきょう》」で絶大な人気を誇る「韋将軍」と名前がよく似ているという理由で、いつしか同一視され、そこから韋駄天の中国人気も高まったと言われている。まさに韋将軍の姿が反映された形で、韋駄天の現在の姿はあるのだ。

そんなふうにさまざまなものと融合してきたからなのか、とにかく韋駄天はいろいろな役割を果たしている。メインの役割としては伽藍《がらん》を守る護法神で、中国の禅寺では山門や本堂前によく祀られている。日本の禅宗では厨房や僧坊を守るという役割に加え、子どもの病魔を取り除く神としての役割もあると言われている。

とはいえ、もともとはインドで最高司令官というトップのポジションにいた存在だ。にもかかわらず、仏教では伽藍を守る護法神。なんというか、ちょっと物足りない感じを受けてしまった。それに、こんなにいろいろな役割を任されて大変じゃないのかなあ。韋駄天さんは本当にそれで満足してるのかしら……なんて思ったり。

だけど、そんなふうに考えた自分がどれだけ浅はかだったのかを私はすぐに思い知った。それは、韋駄天が「なぜ足の速い人の象徴になったのか？」というエピソードを知ったときだった。

お釈迦さまが亡くなり、遺体を火葬したとき、悪い鬼がお釈迦さまの遺骨を盗んでしまった。その悪い鬼はとにかく足が速くて、誰も追いつけそうにない。そんなとき、颯爽と現れたのが、韋駄天だ。

韋駄天はその俊足を生かして悪い鬼を追いかけ、見事に追いつき、お釈迦さまの骨を無事に取り返したのだという。

まさに、「守護神」の名は伊達ではない。みんなにとって大切なお釈迦さまの骨を守れたのも、韋駄天にそれを実現し得るだけの能力があったからだ。

能力があるというのは、それだけで素晴らしいことだ。能力がある、というだけで立派だし、そこに優劣のつけようなんて本来はないはずなのだ。スポーツや成績などでは「結果を出したこと」に対しての優劣はついてしまうが、「能力がある」ということ自体への優劣はつけられないだろう。

そもそも、韋駄天が本当に満足しているかどうか、なんて表情を見ればわかる。だって、韋駄天の表情はこんなにも満たされている。誰かの役に立てることが、自分が求められているものがあることが、うれしくてたまらないって表情だ。

きっとどの役割にも、韋駄天は優劣などつけていないのだろう。

自分に任されたということは、自分にしかできないことなのだ、と思っているのだろう。もしかしたら、いろんな役割を任されている自分を誇りに思っているかもしれない。あれはきっと、そんな顔だ。

ほかの帝釈天や四天王などのポジションにいる人たちを妬んだりも、羨んだりもしていないと思う。

自分の目の前にある、ということは自分にとって必要だからあるのだろうし、きっとできるから目の前にあるのだろうと思っているはずだ。

自分の歯車なんて小さいと嘆いていた彼女も、苦手だと言っていたことをあえて自分の職にした。苦手かもしれないけど、彼女にはそれを職として成立させるだけの能力がある。少なくとも私はそう思っていたし、実際ステップアップもしていった彼女を心から尊敬してるし、誇りに思う。

そんな彼女にすごいって言ってもらえるのはうれしいけれど、誇らしいけれど、でも、私はきっと彼女のやっている仕事は逆立ちしたって、どんなに頑張ったってできない自信がある。私に彼女のような能力はない。言い切れる。

彼女のできないことは私ができるし、私ができないことは彼女ができる。そうやって、得手不得手があるからこそ、この社会の歯車はちゃんと回ることができている。

そして、韋駄天のようにインド神話では最高司令官もできるし、仏教では護法神や守護神もできる、それが本当に「能力」のある存在と言えるのだろう。

私も腐らずにやらないとな。どうせやるんだし。

この世に人の役に立てない仕事なんて一つもないんだ。

華々しくステージに立つ仕事も、髪を振り乱しながら曲を作ったり、企画書や原稿書いたりする仕事も、嫌味を言われながらやる営業も。どれも同じだけ愛そう。そしてそんな自分を誇りに思おう。

満ち足りた表情の韋駄天を見ているうちに、私も後を追いたくなった。

韋駄天はめちゃくちゃ足が速いから、ちゃんとついていかないとな、なんて密かに思いながら。

崇福寺》

韋駄天立像《いだてんりゅうぞう》

豆知識

崇福寺は本殿である「大雄宝殿《だいゆうほうでん》」と「第一峰門《だいいっぽうもん》」が国宝。「第一峰門」の軒裏は、複雑な組み方をされており、日本だけでなく、中国でもめずらしいと言われている。

崇福寺

住所 —— 長崎県長崎市鍛冶屋町7-5
電話 —— 095-823-2645

「自分」という人生をどう使うか。

求めるな、見出せ！

葛井寺十一面千手千眼観世音菩薩

ネットで「アラサー　自分」まで入力すると、検索窓には「アラサー　自分探し」と「アラサー　自分磨き」が表示された。自分というものを見失ったり、見つめ直したりする時期こそが「アラサー」かもしれない。

「自分」とはいったいなんだろうか。私たちは、どんなに自分というものを意識しないようにしようと思っても、自分というものに縛られてしまう生き物だ。

とはいえ、私たちがふだん口にしている「自分」は、いろんな思考の要素や、思想の断片が合わさって構築されているものだと、私は思う。

それに気づいたのは高校生のときで、自分が自分の主張としているものは、どこかの本やテレビで見たことをベースにしているし、好きだと思うアーティストや、映画などの影響を色濃く受けている。

そういった要素の断片が集まって、それらをくっつけ、構築していくという作業を私たちは知らず知らずのうちにずっとやってきた。そして人生のあるタイミングで、自分は本当にこのままでいいのか？　と思ったりする。ある人は、就職のタイミングだったり、失恋のタイミングだったり、人の死に直面したときだったり、病気だったり……。

仮にそんな一大事みたいなことがなくても、自分について悩み苦しんでしまうのは、人間の特徴なのだろう。動物は自分というものについて悩まないのだという。さらに言うと、過去や未来の時間軸もあまりないらしい。

人間以外の動物が「俺、昔より早く動けなくなってきたなあ。不安だな。明日から生きていけるかな」なんて思ったりはしないだろう。そう思うのは人間ならでは。理性があるがゆえの、発想であり思考なのだ。


実際、アラサー女性はよく旅に出ているイメージがある。もちろんそれが悪いとは思わないが、SNSの投稿でも「自分磨きの旅」とか「自分が本当にやりたいことを見つけるために」という類のものをよく見かける。

とにかく「自分の殻を打ち破る」というある種の自己否定から始まり、究極の自己肯定を探しに行くという行動に至りたくなるのが、アラサーというお年頃なのか。

かくいう私も、どうしたら「自分の好きな自分になれるんだろう？」とずっと思っていた。頭の中はずっといろんな「自分」に溢れていて、その中でも大半を占めていたのは、自分って何者か？　ということ。

その答えが本当に、喉から手が出るほど欲しかった。

だけど、そんなこと誰も教えてくれない。それに気づき、本当の「自分」というものに出会えたのは、やはり仏像のおかげだった。

強そうな仏像と聞いて、最初に浮かぶのが「千手観音《せんじゅかんのん》」ではないだろうか？

仏像にあまり詳しくない人でも、仏像と聞いて連想するのは「あの手がいっぱいの！」という人も多いのではないかと思う。

だが、実際の仏像の千手観音の手は「四十二本」で表されることが多い。体の中央で合唱している腕が二本、そして残りの四十本は、体の左右の側面から伸びているというスタイルの「四十二本」だ。

なぜ、四十二本なのか？

それにもきちんとした理由がある。仏教には「三界二十五有《さんがいにじゅうごゆう》」という天上界から地獄までを二十五種類で分けた世界があり、千手観音はそれを四十本の腕で救うといわれている。「四十×二十五＝千」ということで、千手観音の腕は四十二本で表されるのだ。

しかし、リアルに千本の腕がある千手観音は存在する。大阪、葛井寺《ふじいでら》の千手観音。正式名称は「十一面千手千眼観世音菩薩《じゅういちめんせんじゅせんげんかんぜおんぼさつ》」という。秘仏で、縁日の毎月18日と8月9の千日まいりの日のみ会うことができる。

葛井寺の千手観音像は、文字通り「千の手」と「千の目」、それに加え「十一の顔」を持つ千手観音像である。基本の四十二本の手に加え、両側に孔雀が羽を広げるように小さな千一本の手があり、合計で千四十三本の手が存在していることになる。

そしてその手のひらには一つ一つ眼があり、数珠や、宝輪《ほうりん》、宝珠《ほうじゅ》、払子《ほっす》、白蓮華《びゃくれんげ》、紅蓮華《ぐれんげ》、財宝の宮殿、時間を支配する日輪月輪《にちりんがちりん》、五色雲《ごしきぐも》などの持物を持っている。これらはすべて、人を救うために必要な仏の世界、天界のありとあらゆるアイテムなのだという。

像高は144・2センチ。坐像の千手観音としては最古と言われている。スッと細められた目は、まるではるか先を見据えているような冷静さが感じられ、簡単に手が届きそうにない「未知感」がとても魅力的だ。

正面で合わせられた二本の手は、両中指がそっと触れるぐらいの繊細な合掌で、見た目のゴージャスさとのギャップがあって、グッとくる。

これだけ多数の手がついていながら、その均衡は恐ろしいほどに保たれ、美しさを通り越して、恐ろしさを感じるほどだ。菩薩界のラスボスのオーラをバシバシ醸し出している。

しかも、この千手観音のキング感は、あながち間違っていない。なぜなら、千手菩薩はいろんなアイテムを駆使して力を発揮する、いわば観音界のリアルキングだからだ。

その証拠に、密教の曼荼羅《まんだら》（仏の世界の見取り図、および番付表）では、観音グループは「蓮華部」といわれ、千手観音は「蓮華王」と言われている。ということはつまり、千手観音は菩薩グループのなかの王ということになる。

ちなみに、千体の千手観音がいることで有名な「三十三間堂《さんじゅうさんげんどう》」の正式名称である「蓮華《れんげ》王院《おういん》」の名前の由来は、もちろん千手観音菩薩だ。

あのようにいっぱい手があって、一つ一つ持っているものが違ったり、十一の顔を持っているとあらば、それだけで私たち人間だったら、きっと簡単に収拾がつかなくなり、「自分」を見失うだろう。

だけど、中央に存在してるその表情は、すべてを達観した冷静さに溢れている。だからといって冷たい印象というわけでもない。言うなれば「意を決している」という表情に見える。

葛井寺の千手観音に抱く「畏怖」。でもそれは、決して見た目の異形さからくるものではない。ではいったい、何が生み出すものなのだろうか。

多数の手や面にばかり思わず目がいってしまうが、千手観音の本質は、決してそれではない。

多数の手や面は、千手観音の目的を達成するための「手段」にすぎないと私は思っている。その「手段」を「手段」として使うために、必要になってくるのが「確かな自分」だ。

だけど、その「確かな自分」は、私たちが捉えているようなものとは一線を画するだろう。

私は「自分はこうでなければならない」というのがとても多かった。でもそのくせ「今の自分」には不安も不満もたくさんあって、いつも「本当の自分はもっと別なところにあるはずだ！」なんて思っていた。

だけど結局「自分の思う自分」なんて幻にすぎなかったし、「自分探し」をしたって、本当の「自分」をどんどん見失うだけだってことがわかった。それはやっぱり、くどいようだが自分の意思で動かなくなった足に直面したときだった。

認めたくない「自分」を認める。そこからしか、何も始められない。今の自分は死ぬほどダサいしカッコ悪い。でもそんな自分に今あるもので、進んでいくしかない。自分探しとは、「今の自分」を受け入れることを言うのかもしれない。

大切なのは「どんな自分で生きたいか」だし、「自分」という命を使って「何をしたいか？」なのだと今ではそう思う。

「生まれてきた意味」や「生きていく意味」に答えなんて出しようがない。だけど、「何を答えにしたいのか？」その答えは自分で出せるし、自分にしか出せない。

千手観音に感じた畏怖はきっと「自分から逃げるな」と、図星なことを言われたように感じたからだろう。

そして同時に「お前の中に、もう本当の自分は存在しているよ。ちゃんと心の目を凝らして見なさい」と言われていたのかもしれない。だって、千手観音の目は「目を凝らしている」ようにも見える。

「人生や自分に意味を求めるな。意味や意義は、自分で見出せ」

「確かな自分」に目覚めたとき、私たちは、千手観音のような「キングの強さ」を手に入れられるのかもしれない。

葛井寺》十一面千手千眼観世音菩薩《じゅういちめんせんじゅせんげんかんぜおんぼさつ》

豆知識

実際に千本の手を持つ千手観音像のことを、真数千手《しんすうせんじゅ》と呼び、日本では葛井寺の千手観音坐像、唐招提寺《とうしょうだいじ》の千手観音立像、そして壽宝寺《じゅほうじ》（寿宝寺）の千手観音立像の三体が、三大千手名作として有名。

葛井寺

- **住所** —— 大阪府藤井寺市藤井寺1-16-21
- **電話** —— 072-938-0005
- **H.P.** —— fujiidera-temple.or.jp

仏像プチコラム

#10

お釈迦さまの一生

仏教というのは、たった一人の「人間」から始まったものだ。

たった一人の人間が、人生や生きることへの疑問の答えを探すために生まれたもの。それが「仏教」だ。

お釈迦さまの本名は、ゴーダマ・シッダールタといい、インド北部のカピラヴァストゥという国の王子としてこの世に生をうけた。母であるマーヤーは、出産のわずか7日後に亡くなり、代わりにマーヤーの妹が養母となった。

お釈迦さまは、王族として何不自由ない生活を送り、16歳で結婚し、子どもも生まれた。

しかし、お釈迦さまは幼少期から憂いの多い人だったという。なので、父である王は、なるべく憂いがないようにと、老人や病人、死人などが彼の目につかないようにしていたらしい。

しかしあるとき、お釈迦さまの人生を決定づける出来事が起こる。

お釈迦さまは城外の東西南北、それぞれの門で四人の人物たちと出会う。東門は老人、南門は病人、西門は死人、そして北門には出家者。

出家者以外の三人の姿にショックを受けたお釈迦さまは、家来に「あれは誰にでも平等に訪れるものなのか?」と聞いた。

家来は「そうです。身分に関係なく、誰にでも訪れます」と答えた。

お釈迦さまは「私にもか?」と聞くと、家来は同じように「そうです」と答えた。

私たちは生きている限り、人生というものに伴う逃れられない苦しみがある。その代表的な苦しみである「生老病死」とお釈迦さまが出会った瞬間だ。

決して逃れることのできない「死」という苦しみに対し、人間はなんのために生きていくのか。そしてなぜ生まれてきたのか。そしてその苦しみから、解き放たれる方法はあるのか。一度生まれた疑問はなくならず、お釈迦さまのその答えを求める思いは強くなる一方だった。

そして、最後に北門で出会った出家者の存在により、お釈迦さまは出家することを決めたのだった。

そのときお釈迦さまは29歳。これまたアラサーのときのことだ。

その後、お釈迦さまは妻子も身分もすべて捨て、愛馬のカンタカに飛び乗って城を出て出家した。

高僧に弟子入りしたお釈迦さまは、ありとあらゆる教えを学び、断食や苦行などの肉体へ激しい負荷をかける修行を始める。その苦行を6年続けたが、このまま修行を続けても悟りは得られないと判断し、お釈迦さまは山を降りた。

瀕死の状態でなんとか山を降りたお釈迦さまは、スジャータという名前の女性に施してもらった乳粥で、精気を取り戻し、菩提樹の下に座り、瞑想に入った。

そして7日目の夜明け。深い瞑想の果てにお釈迦さまはついに悟りに到達したのだった。

COLUMN #10

ブッダ（目覚めた人、悟りを得た人）となったお釈迦さまは、かつてともに修行をしていた5人の仲間に説法をしてみた。彼らは最初、山を降り、乳粥を食べるお釈迦さまを煩悩に塗れてしまったと嘆いていたが、お釈迦さまの教えに感銘を受け、ぜひ弟子入りしたいと懇願した。お釈迦さまの弟子が、誕生した瞬間だ。

35歳で悟りに到達したお釈迦さまは、80歳まで多くの人のために説法をしてまわったという。そして、クシナガラという地で体調を崩し、沙《さ》羅《ら》双樹《そうじゅ》に囲まれた場所で、頭を北に向け、右脇を下にし、横たわり、弟子たちへ最後の言葉を遺した。

これがコラム1で書いた「自分自身と、法（お釈迦さまの教え）を拠り所にして、生きなさい」という言葉だ。

そうして仏教は、２５００年の時と共に、新しい土地に伝わるごと、時代を経るごとにアップデートを重ね、多様化しながら、現在もしっかりと息吹いている。

自分の力で人生の苦しみから抜け出し、本当の幸せを探していく方法。

それこそが仏教であり、お釈迦さまが自分の人生のすべてをかけて挑み、つかんだ「答え」なのだ。

それは私たちにとって、とても大切な生きる「ヒント」になるだろう。そしてそれは、どんなに時代やそこに生きる人間の価値観が変わっても、揺らぐことのないものである。

そろそろ、諦める？

失うものは、何もない

南蔵院 釈迦涅槃像

男が人生を考えるタイミングは、40歳らしい。それまで遊んでいた男性も、自分の老後というものを考え始め、結婚する人も多いし、仕事ばかりしてきた男性が、少しは自由に生きたいと思う一つの大きな区切り。それが男性にとっては40歳なのか。

ならばやっぱり、女性にとってその区切りは30歳だろう。

ひと昔前なら、それは25歳だったと思う。25歳からお肌の曲がり角、という言葉もあるし、「25歳」という歌もあった。その歌詞を読んでみると、男女問わず、「アラサー」という記号が持つ「漠然とした不安や焦り」そのものが投影されている。

でも私が25歳の時は、まだまだ精神的に余裕はあったし、まわりの同年代の友だちもそんな感じだったと思う。なんといっても「まだ腐っても20代だし！」というのが免罪符になっていたのだろう。

もちろん焦り始める時期に差しかかってはいたけれど、それでも本格的に焦りや不安を感じるまでには至らなかった。

だけど、誕生日を境に29歳から30歳になっただけなのに、なんかもう「何もかもが違う」のだ。「今までと同じじゃ許されない感覚」が、つきまとっている感じ。そしてだんだんと、自分の中に聞こえてくる「お前はもう30歳なんだから」という言葉に疲弊して、争うことができなくなってくる。

「ここまで生きてきたから、だいたいわかる」と漠然とした経験値のようなものを理由にして、何もかも諦めてしまいたくなる瞬間が、30歳になってとても増えてきた。「もうよくない？」って思いながらも、でも「まだいける気」もするし、「いきたい気」もする。

本当は年齢を「諦めるきっかけ」にしたいだけなのもわかってる。もっと若かったら、叶いそうもない恋や夢を追いかけ続けることも許されるのにとか、30歳という年齢を言い訳にすることにエネルギーを使わなくてもいいのにな、なんて同じところをぐるぐるぐるぐるしてしまう。

どうしてアラサーは素直に夢を見れないのだろう。

本当に諦めなきゃいけないことと、諦めないほうがいいこと。そもそもその線引きってなんなのだろう？

究極の、そして真実の「諦め」の境地に至った存在が仏像でもいる。福岡県にある南《なん》蔵《ぞう》院《いん》というお寺の釈《しゃ》迦《か》涅《ね》槃《はん》像《ぞう》だ。

「涅槃」という言葉に聞き馴染みがないかもしれないが、一般的には、いわゆる「死」や「お釈迦さまの死」という意味合いで使われている。

しかし本来は「あらゆる苦しみが消滅し、苦しみを離れた安らぎの境地」という意味であり、同時にそれは「悟りの極み」的な意味でもあると私は解釈している。

つまり釈迦涅槃像は、「お釈迦さまが死んだ瞬間」と「悟りの極みに到達した瞬間」を仏像として表現しているものになる。

釈迦涅槃像は、そんなに数は多くはないが、この南蔵院の釈迦涅槃像は何がすごいかというと、とにかく「デカイ」のだ。

ブロンズ製では世界一とされ、その大きさは、全長（横の長さ）41メートル、高さ11メートル、重さ約300トン。とにかくすべてにおいてスケールがでかい。

右肘で頭を支えて、横たわっているその姿は、一見昼寝をしているようにも見えてしまうが、実際はお釈迦さまの死の瞬間のお姿である。

さらに、お釈迦さまの左手には五色の布が垂れ下がっている。そしてその布は、正面のお参りする場所に両端から続いている。

これは何を表しているのかというと、お釈迦さまが悟りを開いたときに「五色の光」が現れたからだという。この五色の布を握ることで、もしかしたら私たちも「悟りのきっかけ」を与えてもらえるかもしれない。

初めて南蔵院の釈迦涅槃像を目の前にしたときは、ただひたすらにその大きさに圧倒されるだけだったが、時間が経つにつれ、私の中に一つの疑問が浮かんだ。

「なんでこんなにお昼寝しているときみたいな穏やかな顔なんだろう」と。

密かに死ぬときの顔って、本当にこんな顔なの？　と思ってしまったのだ。

「涅槃」は、苦しみのない安らぎに満ちた穏やかな境地だという。それが本当かどうかは、釈迦涅槃像の顔を見れば自ずとわかった。


少し前に、ゆとり世代ならぬ「さとり世代」という言葉が登場した。言葉的にはポジティブに聞こえるが、その実態は「何もかも諦めている世代」という意味らしい。つまり、欲を持ったところで、どうせ叶わないというのを痛いほど理解している世代なので、最初から何も求めようとしないということらしい。

さとり世代からもわかるように、一般的に「諦め」という言葉は「断念する」というようなネガティブな意味として使われている。しかし、本来の「諦め」も「悟り」もそんなネガティブなものではないのだ。

そんな真実の「諦め」の境地に至ったのが、そう。お釈迦さまだ。

諦めるという言葉に使われている言葉の「諦」は、よく仏教の経典にも登場する。「諦」

はサンスクリット語の「サトヤ（サティア）」の訳語であり、その意味は「真理、道理」という意味となる。さらにいうと「諦」という言葉には「つまびらかに見る、聞く」という意味が付随している。

ということはつまり「諦める」という言葉の本来の意味は「つまびらかに見て、聞く」、「明らかにする」ということになる。「明らか」と「諦め」は最初の四文字が同じ発音であることを鑑みてもそれが本来の意味であることは容易に察することができるだろう。

本来の「諦める」、は物事を明らかにしていくことで、苦しみの元となる執着を手ばなすタイミングが見えてくるというニュアンスだったように思う。重視しているのはあくまで「プロセス」であって、結果ではないようだ。きっと過程を踏むことで、自ずと結果が見えてくるというような感じだろう。結果ばかりを追い求めていたら、必要な過程はちゃんと踏めない。

断捨離が流行ったが、あれも「捨てる」ということをゴールにして、必要なものまで捨ててしまって後で後悔したという人がたくさんいたらしい。断捨離のゴールは捨てることではなく、「何が自分にとって本当に必要なものなのかを整理する」ということなのだ。その結果、手放すもの、置いておくべきものが見えてくることで「断捨離」は初めて完成するると言えるだろう。

そして、やはりあのお釈迦さまも正しく「諦めてきた」人と言える。

お釈迦さまが諦めたという出来事のなかで、一番有名なのはやはり「断食」だろう。悟る前のお釈迦さまは、悟りに至るために、自分の肉体、命を追い込むような修行に身を投じていた。

その修行の中心となっていたのが「断食」で、3週間が限度とされていた断食を2カ月も続けたこともあったという。

しかし6年間にわたる修行のなかで、お釈迦さまはある日気づいた。「死んでしまったら、悟りにも至れない」ということに。

お釈迦さまはきっと「やるだけやる」というプロセスをきちんと踏んだからこそ、次の段階に移行するタイミングに気づいたのだろう。これがもし、本来の目的を見失って、苦行をすることに重きを置いていたら、「ブッダ」としてのお釈迦さまは生まれなかっただろうと思う。

この場合の「諦める」は、「give up」ではなく、「clear up」と言えるだろう。「clear up」には、「晴れる」「病気などが治る」そして「解く」という意味がある。

ということはつまり、本当の「諦める」は「自分にとって本当に必要なものは何か？」「目指すべきものは何か？」ということが明らかになって、謎も苦しみも解ける、という意味になるのではないだろうか？

むやみやたらに苦しくなって、逃げ出したくなって手放す「諦める」は、さらなる苦しみとなって目の前に現れるだろう。

でも本当の「諦める」は、苦しみからの解放なのだ。

自分が本当にやるだけやったなら、もうなんの後悔も苦しみもなく、それを手放すことができるだろう。もう手放してもいいよ、ということが明らかになっているから。でも、少しでも自分の中に曇りがあるのなら、それはまだ「明らか」になっていないのだろう。

そして何より、結果というものを追い求めて本末転倒になってはいないだろうか。なんのためにそれを追い求めるのか、ということ。そしてその結果に至るプロセスにこそ本当に「解く」ために必要なものが隠されている。

南蔵院の巨大な釈迦涅槃像は、まさにそんな「解き放たれている姿」なのだろう。そしてそれはまさに、生きることや死ぬこと、人生や命に対してすべて「clear up」している状態なのだ。

そういえば、お釈迦さまが王子の身分を諦めて、出家したのは29歳のアラサーだった。何かを終えるのも、何かを始めるのも、まだ遅くもないし、早くもない。アラサーになって疲れてくるのも、限界も感じるのもきっと「結果を求めるナンセンスさ」に少なからず気づいているからかもしれない。

手放してしまったものは大抵戻ってこない。だけど、結果を求めることに疲れたら、過程を求めてみよう。そうすれば自ずと、手放すタイミングが明らかになってくる。そしてきっと手放すという行為そのものが、「得る」ために必要なプロセスなのだ。

こんなに大きな釈迦涅槃像が、こんなに穏やかな姿に見えるのは、きっとそんなお釈迦さまのバックボーンがあるからだろう。

青空の下がよく似合う南蔵院の釈迦涅槃像は、今日も穏やかに「いい一日だね」と言っているに違いない。

南蔵院》 釈迦涅槃像《しゃかねはんぞう》

豆知識

この南蔵院のご住職が1億3千万円の宝くじを当てたということで、「宝くじが当たる！」というご利益でも有名。ご住職が、買った宝くじを大黒天《だいこくてん》のお札といっしょにしておいたということで、南蔵院を訪れると大黒天のお札を買っていく人も多いらしい。

南蔵院

住所 —— 福岡県糟屋郡篠栗町篠栗1035
電話 —— 092-947-7195

自由になりたい

求める限り、自由にはなれない

観心寺 如意輪観音菩薩

私はずっと、自由になりたいと思っていた。「ここではないどこか」をいつも求めていたし、「今よりもっと好きになれる自分」を求めてもいた。そしてそれは同時に、今の自分に関することが気に入らないってことになるのだろう。

人生はやり直しがきかないから面白いなんていうけれど、目の前にリセットボタンがあったら悩まずよろこんでソッコー押すよ、と何度も思った。持って行きようのない不安と不満に苛まれて、もうどうしようもない過去の「たられば」もいっぱい考えた。年上の人に「アラサーなんてまだ若いんだから、なんでもできるわよ」なんて言われるたびに、不自由さも感じた。

不自由さは一丁前に感じるくせに、自由が自分にとってどんなものかがずっとわからなかった。だからこそ「自分は自由じゃない」なんてことも、臆面もなく言えていたのだと思う。「自由」とは、いったいなんなのだろう？

そんなとき、「本当の自由とは何か？」私にそんな問いを投げかけてくれた仏像と出会った。

大阪、観心寺《かんしんじ》の本尊である如意輪観音菩薩《にょいりんかんのんぼさつ》。金堂内陣の厨子《ずし》内に安置され、毎年4月17・18日の2日間のみ開扉される秘仏だ。

像高109・4センチ。六臂（手が6本ある）の少し異形の佇まいをしている。こうした如意輪観音の姿は、空海が日本に本格的に持ち込んだとされる「密教」の独特で奥深い世界観を持つ秘密の教えが反映されたものであると言われている。

その姿は、暗闇の中で揺らめく蝋燭の火のように艶めかしく、静けさと激しさを兼ね備えるような計り知れなさも感じる。

観心寺の如意輪観音が誕生したのは、平安時代前期である9世紀。長らく秘仏だったので保存状態も良く、表面の彩色や文様もきれいに残っている。平安時代の密教美術の最高の仏像と謳われているが、それは単に保存状態の良さだけではないだろう。

私は、如意輪観音には目がない。そこに存在するだけで、とにかく「絵になる」美しさがあるし、仏様にこんな表現をしていいものか悩むが、如意輪観音にえも言われぬ「色気」のようなものを感じてならないのだ。

如意輪観音にはいくつか特徴がある。まず、その座り方。輪王坐《りんのうざ》という、右膝を立て、両足の裏を合わせるような独特の座り方をしているのだが、これは如意輪観音だけの座り方で、ほかの仏像で見ることはまずない。

三本ずつある左右の手のうち、右手の一本を右の頬に添えている。まるで物思いに耽っているかのような独特のポーズは「思惟手《しゆいしゅ》」と呼ばれ、これは如意輪観音が今まさに、救いを求めている人々をどう救済するか、その方法を考えている姿だと言われている。そして如意輪観音と同じ、思惟手のポーズをとるのは、同じく人々を救う方法を考えている弥勒菩薩だ。

思惟手の下から伸びている第二の右手は、胸の前で如《にょ》意《い》宝珠《ほうじゅ》というものを持っている。この如意宝珠は意のままに智慧や財宝、福徳をもたらし、あらゆる願いを叶える珠と言われ、わかりやすく例えるなら「ドラゴンボール」的な立ち位置のすごい珠だ。ドラゴンボールなんて7つ集めないと願いが叶えられないのに、如意宝珠は一つで願い叶え放題。それだけでいかにすごい珠なのか、おわかりいただけるだろう。この如意宝珠は、如意輪観音のモチーフの一つとも言えるぐらい象徴的な持物だ。

第三の右手は、立てた右膝に触れる形で伸び、その手元には数珠が握られている。そして、左肩から伸びた第一の左手はまっすぐ下に、その脇から伸びる第二の左手は手のひらを正面に向け、胸の高さで蓮の茎を持っている。

そして最後の一本である第三の左手。これが如意輪観音のもう一つのモチーフである「法輪《ほうりん》」を人差し指で器用に支えている。法輪は、車輪が転がるように仏教を広めるという意味を指し、さらに煩悩を打ち砕く力も備えているとも言われている。

如意輪観音はまさに、この「如意宝珠」と「法輪」の二つのモチーフが合わさった存在、つまり「如意」＋「輪」＝「如意輪観音菩薩」ということだ。

如意輪観音は「意のまま」に知恵や財宝、さらには精神の幸せすらも与えてくれると言われている。

「意のまま」ということは「心のまま」という意味になると私は思う。そしてそれをさらに言い換えると「自由」ということになるのではないだろうか？

そもそも「自由」という言葉から、何を連想するだろうか？「縛りがない状態」とか「思うままにやること」というようなことを連想する人も多いと思うし、ネガティブな表現をすると「傍若無人」的なものを連想する人もいるかもしれない。

しかし、当然ながら如意輪観音からはそんな独りよがりな感じは受けない。意のままということは、縛られていないということにはなるだろうが、でも如意輪観音の佇まいには、自分でコントロールし得る責任感というものが付随されているように感じる。

そもそも仏教における「自由」という言葉の解釈は、私たちが普段使っている「自由」とはまた違う。「自由」は「自らに由る」と書く。それはどういうことかというと、「自らを根拠にする」「自分を理由にする」ということにつながるだろう。

そして、さらに私はこれを「自分の中に理由を求める」「誰のせいにもしない」ということだと解釈した。

今までの私にとっても「自由」とは、まさに「好き勝手やる」というニュアンスが強かった。でも、そんな自由は自由と呼ぶに値しない、ただの傲慢なのだ。

本当の「自由」というのは「確固たる自分の責任」に基づいて生まれる強固なものであり、だからこそ、自分の中に理由を見出し、同時に責任を取れる姿勢でいることで、縛りや支配を感じない心の状態に自らを持っていくことができる。その状態は、自ずと「周りに振り回されないし、揺らぐ必要のない状態」にもなっていると思うし、それこそが、自発的でかつ周りにも干渉される必要のない「真の自由を得た姿」であり、それは観心寺の如意輪観音の「揺らがずにいられる姿」にも通ずると私は感じた。

その「揺らがずにいられる姿」とは、まさに如意輪観音の「輪王坐」という座り方に表れている。どういうことかというと、もともと輪王坐は、如意輪観音の救いの働きが決して揺らがない、ということが表現されているのだ。

「自分の中に理由を求める」ことを前提にすることで、「自分はどうあるのか」という一つの大きな軸ができ上がる。そしてそれを「誰のせいにもしない」ことで、傲慢になるのを防ぐ。そうやって、揺らぐ必要がないぐらいの条件と、心の環境を自ら作り上げることで、決して揺らがないという意思の強さが生まれるのだろう。

それが、この輪王坐の余裕を感じさせる魅力、さらには如意輪観音の美しさの魅力につながっているのだと思う。

責任の伴わないかりそめの「自由」なんか、ただひたすらに苦しみを生むだけだ。孤独になって、自分で自分に振り回されて疲弊して、結局無駄に時間を消費して、終わるだけになってしまう。

責任感がベースとなった「心の余裕」こそが、「揺らがなくてすむ心の状態」につながり、そしてそれが「自由」と同義となるのだと、如意輪観音の姿を通してそのプロセスが腑に落ちた。

自由を求める人は、自由のために責任と覚悟を同時に求められるということになる。

なんのために「自由」を求めるのか、ということの鍵を握っているのは、やはり「心の認識」という部分だろう。

たとえ、どんなに体が自由でなくても、究極、心が自由であれば、その人は「自由」なのだと思う。どんなにお金があって、好きなときに好きなことをできる環境にあっても、「自由であることに縛られている」と感じてしまったら、その人はもはや「自由」ではないのだろう。

同じように、不自由さも、安心も、不安も、怒りも、悲しみも、好きも、嫌いも、きれいも、汚いもすべて「心」の深識が生み出している。つまりは「心の認識」次第で、私たちは「何にでも」なれる。そういう意味では心は「自由」なのだと言えるだろう。

そして、さらに深く考えてみると「自由になりたい」と思っている時点で、人は「自由」ではないのではないか。実は、自由になりたいと思うことこそが、「縛り」になっているのではないだろうか。「自由になりたい」と思う執着を手放して初めて、人は「真の自由」を手に入れることができるのだろう、と私は思う。

観心寺の如意輪観音は、その自身の在り方を示すことで、本当の「自由」とは何か？という問いをこちらに与えてくれている。

本当の「自由」と出会えたなら、「それこそがあなたにとって如意宝珠だよ」と如意輪観音は、私たちに言ってくれるのではないだろうか。

人が本当の「自由」を得たとき、暗闇のなかで蝋燭が尽きるまで揺らめき続ける確かな炎のように、そこに存在するだけで、艶やかな煌めきを放つことができるのだろう。

にょいりんかんのんぼさつ

観心寺 》 如意輪観音菩薩

豆知識

観心寺の生まれる前のこの場所を空海が訪れ、北斗七星を勧請したという伝説が残っており、これにちなむ7つの「星塚」が現在も境内に残っている。さらにその後、空海は再度この地を訪れ、自ら如意輪観音像を刻んで安置し、「観心寺」の寺号を与えたという（ただし「空海が自ら刻んで」の部分は伝承の域を出ない）。

観心寺

住所 —— 大阪府河内長野市寺元475
電話 —— 0721-62-2134
H.P. —— kanshinji.com

おわりに

私はずっと、「アラサー」という言葉が好きではなかった。

10代、20代というくくりには当然、拒否反応などでたことはない。でも、なぜか「アラサー」には単なるくくりだけではなく、老いへの第一歩を踏み出した切なさや、焦り、不安、みたいなものがすべて内包されているような気がしてならなくて、あまりいい印象がなかった。だからなのか、まわりの友だちが「もうアラサーじゃーん！　焦るー！　やばーい！」と言い始めても、まだ自分が「アラサー」という実感を得ることがむずかしかった。

実際、年齢欄に「30」と記入したとき、いまだに驚いて二度見してしまうのだ。受け入れたくないわけじゃなくて、「いやなんかまだ信じられないっす」という気持ちが常にある。それがアラサーの悲哀の正体かもしれない。

そんな悲哀を感じ始めたとき、私にとって2冊目となるこの本のお話をいただいた。その時点では、まだ内容はもちろん、方向性すら決まっていなかった。

「仏像」「パワースポット」というキーワードは出ていたが、なんというか「押し」に欠ける。そんなとき、本のフックになるような自分のアイデンティティーをいろいろ探した結果、たどり着いたのが「アラサー」だった。

そのときは、とにかく何かないか！　と必死だったのだが、今改めて考えてみると、「アラサー」が自分の「アイデンティティー」を構成する要素になっているということに、わりと驚いた。そして今まで拒否反応を示していた「アラサー」という言葉に愛着が少し湧いてきたのだ。

アラサーというくくりの中にいられることも、いつか必ず終わりを迎える。アラサーが終われば次は、アラフォーになる。私が確かにアラサーというくくりの中にいて、それを不自由に感じたり、嫌になったりしたことを、いつか懐かしむ日が来るんだろう。

アラサーであったこと。それも確かに生きた証だ。ならば私はその生きた証を、自分がアラサーだった証を残してみたい。という気持ちが湧いてきた。

とはいえ当初は、「どうなんだろう。書けるのだろうか？」と悩んだ。でも、いざ書き始めると思いのほか、かなり「しっくり」きたのだ。自分がこんなにも今を生きる「アラサー」として主張したいことがあったのか、と自分でも引いたほどに。

今の「アラサー」には、今しか感じられない苦しみも、幸せも、そして生き方もある。きっと10年後には、また新たな「アラサー像」が生まれるだろうし、それに伴って新たな

「アラサーの苦しみ」も存在しているだろう。だからこそ、今のアラサーにしか主張できないことがあるはずだ！　と私は思い始めたのだ。

一字、一字と書き連ねるうちに、それは強い決心としてこの胸に蓄積されていった。この本を、自分だけの生きた証ではなく、今を生きるアラサーたちの証にしたいと。

仏教は、常に時代の変遷とともにアップデートをしてきた教えだと私は思う。時には、前に生まれた解釈や教えに抗う形で、新たな解釈や教えが生まれたりもした。そしてその変遷自体は「女性の生き方」も同じであると言えるだろう。

女性はいつだって自立を求め、男に振り回されない生き方を求め、自由を求めた。もう「女性だから」と足並みを揃える時代は終わったと言っていいだろう。そんな今の時代に前提としてあるものは、私たちより前の世代の女性たちが頑張って変え、切り拓いてきたものであり、私はその「生き方」を受け継いでいると言える。

新たな問題が解決すれば、新たな問題が浮き彫りになるというのは至極当然なことで、今、私たちアラサーが直面している問題もたくさんある。どうにかできることもあれば、どうにもできないこともある。時代が変わっても、変えられない部分もある。

だからこそ、どんな時代でも、環境でも、状況でも、そんな「今」を生きている私たちに誇りを感じられるような「視点」が大切なのだと私は思ってきた。

私たちは、今、どんな生き方をも選べる時代を生きている。だけどその選択を求められること自体に、苦しみを感じている人もいるだろう。

どんな選択をしても、必ずどこかに「苦しみ」は生まれる。今を生きるアラサー女性の苦しみは、同じ立場のアラサー女性にしか分かち合えないし、私自身、実をいうとこの本を書くことで多くのアラサー女性とつながりたかったし、分かち合いたかったのだと思う。

ほんのわずかでも「今を生きるアラサー女性仲間」として、みなさんの背中を押したり、さすったり、抱きしめたり、寄り添ったり、みたいなことが、この本を通してできていたらいいなと、心の底から思っている。

今回、この本の出版を決めてくださったオークラ出版の長嶋瑞木さんは、私と同じ年齢の立派なアラサー女性だったというのも非常に大きかった。初めてお会いした時からアラサー女性トークが止まらなくて、ここは居酒屋か？　と錯覚したほど。同年代で、自分の理想を形にしていく長嶋さんの姿はそれはもうまぶしく、執筆の励みにもなった。

そして方向性を決める前段階から、編集として私を導き、オークラ出版さんとのご縁を結んでくれた野津山美久さん。私たちより少しお姉さんで、バリバリ編集として働いてきたお姉様という感じで、本当に働く女性としても、人生の先輩としてもすごく頼もしかった。

そんな素敵な女性たちに加え、今回イラストを担当してくれた太画子さん。初めてイラストをみたとき、なんてポップな仏画を描く人なんだと度肝を抜かれた。そんな太画子さんのポップで可愛くて少し毒っ気のあるイラストのおかげで、私の理想の一冊が完成した。

純粋に、本を作り上げるということがこんなに楽しくて、充実したものだということをこの本の制作に携わってくださったみなさんが教えてくれた。


アラサーでいられる時間は永遠ではない。だけれど、アラサーの時代に培ったものは、永遠になる。大切なのはどんな生き方をするか、ではなく、「どう生きたいか」。それを求め考えるとき、この本があなたのそばで役に立ってくれることを心から願って、最後を締めくくりたいと思う。

この本と出会ってくれたことを、心から感謝申し上げます。あなたのこれからの人生が、光に満ち溢れますように。

2019年11月

仏像オタクニスト　SALLiA

引用・参考文献

『ブッダのことば　スッタニパータ』中村元訳（岩波文庫）
『ブッダの真理のことば　感興のことば』中村元訳（岩波文庫）
『唯識の思想』横山紘一著（講談社学術文庫）
『正法眼蔵随聞記』水野弥穂子訳（ちくま学術文庫）
『空海に学ぶ仏教入門』吉村均著（ちくま新書）
『仏教語辞典』麻田弘潤著（誠文堂新光社）
『サンスクリット版縮訳　法華経　現代語訳』植木雅俊著（角川ソフィア文庫）
『サンスクリット版全訳　維摩経　現代語訳』植木雅俊著（角川ソフィア文庫）
『伝教大師の生涯と教え』多田孝正著（大正大学まんだらライブラリー）
『図説　仏像巡礼辞典』久野健 編（山川出版社）
『仏像の見方・見分け方百科』河原由雄著（主婦と生活社）
『はじめての仏像』宮澤やすみ著（河出書房新社）
『仏像のひみつ』山本勉著（朝日出版社）
『仏像に会いに行こう』副島弘道著（東京美術）
『仏像の事典』熊田由美子著（成美堂出版）
『東京から日帰りで会える仏像参り』田中ひろみ著（藝術学舎）
『仏像、大好き！』田中ひろみ著（小学館）
『ダライ・ラマの仏教入門　心は死を超えて存続する』石濱裕美子訳（光文社智慧の森文庫）

SALLiA

「歌って作って踊る」音楽アーティストとしてキャリアをスタートし、2016年11月にはUSEN1位を獲得。さらに4週連続トップ10入りを果たした。音楽番組やバラエティ番組のエンディングテーマ担当や、ラジオパーソナリティ、音楽プロデューサーとしての楽曲提供など、幅広く活動。さらに全国のフリースクールでの講話とライブというボランティア活動も積極的に行い、その取り組みはメディアで特集された。足の事故をきっかけに、音楽ではないかたちでも人の役に立ちたいと「仏像オタクニスト」としての活動を決意。2018年4月より本名「畑田紗李」から「SALLiA（サリア）」に改名。現在はアーティスト活動と並行して、仏教講師として講演会などを中心に活躍中。一般側の視点から、仏教や仏像をヒントにして生きる苦しみを現実的に乗り越えていくという内容を中心に、様々なスタイルで幅広い層に向けて仏教や仏像について発信している。その活動は各仏教誌にも取り上げられるなど、僧侶からの支持も厚い。著書に『生きるのが苦しいなら ～仏像と生きた3285日～』（キラジェンヌ）がある。

救われたいなら会いに行け!
アラサー女子、悟りのススメ。

2019年12月28日　初版発行

著　者　SALLiA《サリア》

デザイン　齋藤知恵子
イラスト　太画子
編　集　野津山美久

発行人　長嶋うつぎ
発行所　株式会社オークラ出版
〒153-0051 東京都目黒区上目黒1-18-6NMビル
電話　03-3792-2411（営業部）　03-3793-4939（編集部）
http://oakla.com/
印　刷　中央精版印刷株式会社

ISBN978-4-7755-2914-0